# Schriften des deutschen Vereins

für

# Armenpflege und Wohlthätigkeit.

**Sechzigstes Heft.**

P. Chr. Hansen, Die Erweiterung des Handarbeitsunterrichts 2c.

Leipzig,
Verlag von Duncker & Humblot.
1902.

# Die Erweiterung

des

# Handarbeitsunterrichts

für

nicht vollsinnige und verkrüppelte
Personen.

Von

**P. Chr. Hansen,**
Landesversicherungsrat, Vorstandsmitglied der Landesversicherungsanstalt
Schleswig-Holstein in Kiel.

Leipzig,
Verlag von Duncker & Humblot.
1902.

Alle Rechte vorbehalten.

## I.
## Beobachtungen in finnischen und schwedischen Anstalten.

Meine vorjährigen Ferien hatte ich zu einem Aufenthalt in Finland bestimmt, um allerlei Beobachtungen über die öffentlichen Verhältnisse dieses im Jahre 1899 von mir besuchten Landes anzustellen. Bei diesem Anlasse wurde mir von dem Herrn Landeshauptmann der Provinz Schleswig-Holstein der Auftrag erteilt, in Finland und in Schweden diejenigen Taubstummen- und Idiotenanstalten in Augenschein zu nehmen, in denen den Zöglingen Unterricht im Weben erteilt werden sollte. Es galt festzustellen, ob und in welcher Weise die gemachten Erfahrungen in den gleichartigen Anstalten der Provinzialverwaltung verwertet werden könnten.

Am 21. Juni traf ich in Helsingfors ein. Freilich liefert in den nordischen Ländern während der Sommermonate die Besichtigung von Schul- und Erziehungsanstalten nicht die Ausbeute, auf welche man zu anderer Jahreszeit rechnen darf. Vom 1. Juni bis 1. September sind die regelmäßigen großen Ferien, die wie für die niederen und höheren Schulen auch für Taubstummen- und Blindenanstalten gelten. Während dieser Zeit sind die Anstaltsgebäude meist völlig leer; gewöhnlich werden mehr oder minder umfassende Reparaturen vorgenommen. Die Schüler sind zu ihren Eltern und Bekannten gereist; nur solche mögen zurückgeblieben sein, die keine Angehörigen besitzen und für die auch sonst nicht eine Unterbringung auf dem Lande sich hat bewerkstelligen lassen. Die Lehrer und Lehrerinnen weilen zumeist auswärts. Es gehört fast zur Unmöglichkeit, Mitglieder des Lehrerpersonals am Wohnorte selbst anwesend anzutreffen. Anders ist es bei den Idiotenanstalten, deren Zöglinge nicht die Anstalten verlassen können. Hier hat man es nur mit einer teilweisen, abwechselnd eintretenden Beurlaubung der Lehrer, damit freilich auch einer Einschränkung im Unterricht, zu tun.

Der Bericht über die gemachten Wahrnehmungen beginnt zweckmäßig mit einigen Bemerkungen allgemeiner Natur.

In Finland ist die erste Anregung zur Einführung des Unterrichts taubstummer Kinder bereits im Jahre 1762 gegeben worden. Die Errichtung der ersten — privaten — Taubstummenschule erfolgte jedoch nicht vor dem 1. Oktober 1846 und zwar geschah dies zu Borgå durch den in Stockholm ausgebildeten, taubstumm geborenen Karl Oskar Malm aus Borgå, der als der eigentliche Begründer des modernen Taubstummenunterrichts in Finland angesehen werden muß. Diese Schule wurde nach ihrer Umwandlung in eine Staatsanstalt 1860 in die Stadt Åbo verlegt; aber auch in Borgå entstand 1863 wieder eine Taubstummenschule, zuerst abermals als Privatinstitut, später erfolgte auch deren Übernahme auf den Staat. Vorher schon — im Jahre 1862 — errichtete die Regierung eine weitere Taubstummenanstalt in Kuopio. Weiterhin wurden solche Anstalten noch in Jyväskylä, Jacobstad und St. Michel ins Leben gerufen. Insgesamt sind in diesen sechs Anstalten etwa 350 Zöglinge vorhanden. Entsprechend dem Überwiegen der finnischen Sprache wird in den Taubstummenanstalten des Landes vorzugsweise finnisch unterrichtet. Die Taubstummenanstalten, welche nach deutschem Vorgange sämtlich die Sprachmethode betreiben, haben die Kinder vom erfüllten achten Jahre an, aber im allgemeinen nicht älter als zehn und nur ausnahmsweise über zwölf Jahre aufzunehmen.

Die Blindenerziehung im Großfürstentum Finland hat im Jahre 1871 begonnen. Damals ist die erste staatliche Anstalt in Kuopio begründet worden, 1893 die zweite in Helsingfors hinzugekommen. In den beiden Anstalten befinden sich etwa 30 und 50 Schüler. Die Aufnahme in die Vorbereitungsabteilungen muß vom erfüllten achten, spätestens bis zur Erreichung des elften Jahres, die Aufnahme in die Schulabteilung zwischen dem zehnten und spätestens dem vierzehnten stattfinden.

Im Jahre 1882 hat der finnische Landtag sich mit der in einer vorhergehenden Tagung — im Jahre 1877 — aufgeworfenen Frage der Gestaltung des Unterrichts für schwachsinnige Kinder beschäftigt, nachdem bis dahin nur in einer kleinen privaten Anstalt in Jacobstad, gemeinsam für Blinde, Taubstumme und Idioten, eine überaus unzulängliche Fürsorge für die Schwachsinnigen vorhanden war. Zunächst wurde die Zahl der in Frage kommenden Personen zu ermitteln gesucht. Man fand deren an 2700, von denen ca. 1225 im Alter von 7—16 Jahren standen. Finland gehörte nach dem Ergebnis dieser Feststellung zu den Ländern, die einen verhältnismäßig hohen Prozentsatz geistesschwacher Individuen aufweisen.

Es kam dann noch nicht zur Errichtung einer öffentlichen Anstalt, vielmehr entschloß man sich, eine seitens des Herrn Edvin L. Hedman im Jahre 1890 mit eigenen Mitteln begründete Erziehungsanstalt für Schwachsinnige zu Perttula bei Tavastehus im südlichen Finland, entsprechend der Zahl der zu überweisenden Kinder, aber mit höchstens 20 000 finn. Mark (später 27 000, dann 35 000 Mark[1]) jährlich zu unterstützen. 50 Schüler konnten zunächst aufgenommen werden, jetzt sind es deren 72, und zwar 46 männlichen und 26 weiblichen Geschlechts. Die Jahreskosten eines Schülers stellen sich auf durchschnittlich 500 Mark. Zu erstatten sind davon seitens der Landgemeinden 250, seitens der städtischen Gemeinden 300, von Einzelnen zwischen 250 und 500 Mark. Die Anstalt Perttula, die nur bildungsfähige Schwachsinnige aufnimmt, ist bis jetzt die einzige ihrer Art im Groß-

---

[1] Eine finnische Mark = 80 Pfennige deutscher Reichswährung.

fürstentum Finland geblieben, obwohl sie bei weitem nicht dem obwaltenden Bedarf Abhilfe zu leisten vermag.

Die Überwachung der sämtlichen Abnormschulen Finlands ist der „Oberverwaltung des Schulwesens" in Helsingfors übertragen. Alljährlich wird von dieser Behörde ein im Druck erscheinender Bericht über die Entwicklung der Verhältnisse im allgemeinen und der einzelnen Schulen erstattet.

Die erste Unterrichtsanstalt, welche wir[1] auf finländischem Boden besucht haben, war die Taubstummenschule zu Kuopio, einer Stadt von ca. 10000 Einwohnern im mittleren Finland. Die Volkssprache ist hier fast ausschließlich finnisch, das Idiom, das, beiläufig bemerkt, von ca. 85 % der Bevölkerung des Landes gesprochen wird.

Die Gebäude der Taubstummenschule enthalten vortreffliche Unterrichts-, Arbeits-, Spiel- und Aufenthaltsräume. Einer an der Schule angestellten Lehrerin, Fräulein Emilia Strunck (von deutscher Herkunft, aber in Finland geboren), und dem Herrn Direktor Kustaa Killinen verdanke ich die nachstehenden Angaben:

Der Handarbeitsunterricht zu Kuopio hat sowohl für Knaben, wie Mädchen mit der Gründung der Anstalt seinen Anfang genommen. Einen erweiterten Umfang erhielt derselbe bei der Reorganisation der Schule im Jahre 1892. Seit dieser Zeit ist der als Anlage abgedruckte Lehrplan für den gedachten Unterricht maßgebend und hat sich trefflich bewährt. Dem Handarbeitsunterricht für die Knaben werden die Muster und Vorlagen zu Grunde gelegt, welche für die Volksschulen vorgeschrieben sind und nach dieser Anweisung geht die Arbeit methodisch von den leichteren zu den schwereren Aufgaben, je nach den Kräften der Schüler. Zuerst werden mit dem Messer Zeigestäbchen geschnitzt, sodann Hobel und Säge, Tischbretter, Schemel und Büchergestelle hergestellt, weiter solche Gegenstände, die Ecken haben und mit Holznägeln befestigt werden. Darauf folgen die Drechslerarbeiten: jeder Schüler verfertigt Beilgriffe, Hobel, die Holzteile zur Säge und andere für den Tischler brauchbare Werkzeuge. Auf den höheren Stufen müssen die Knaben Zeichnungen von Geräten und Mobilien ausführen und im Anschlusse daran in der Werkstätte die Gegenstände selbst arbeiten. In der Schule werden somit zahlreiche Dinge angefertigt, die sowohl in den Schulräumen, wie im Internat Verwendung finden, so z. B. Gardinenleisten, Schränke, Tische, Kleiderständer. Ebenfalls werden zerbrochene Mobilien ausgebessert. Vereinzelt sind die Knaben auch am Webstuhl beschäftigt.

Der Handarbeitsunterricht für Mädchen zeigt ein etwas abweichendes Bild: Die kleinsten Schülerinnen (erste Klasse) stricken aus groben Baumwollengarn kleine Tücher, die sie zum Abwischen ihrer Tafeln benutzen. Dann werden Staubtücher, darauf Strümpfe gestrickt. Weiter lernen sie das Säumen von Schürzen und Taschentüchern und das Spulen für die größeren Mädchen, die schon beim Weben tätig sind. Im dritten Schuljahre werden Hemden, Röcke und Jacken genäht, die Hand- und Taschen-

---

[1] Der Verfasser hat die Reise gemeinsam mit seiner Tochter, die auf einer Webschule in Finland ausgebildet ist, gemacht.

tücher, sowie die Laken mit Namen versehen. Gleichzeitig müssen sie das Ausbessern ihrer Strümpfe und Kleider besorgen, womit übrigens schon in der zweiten Klasse der Anfang gemacht wird. Im vierten Schuljahr beginnt das Spinnen von Flachs und Wolle, bei besonders kräftigen Mädchen auch schon das Weben, das aber der Regel nach erst in das fünfte Jahr verlegt wird.

Die insbesondere mit diesem Unterrichtszweige gemachten Erfahrungen lassen sich als sehr gute bezeichnen. Die Schülerinnen haben ihre Schreibbücher, in welche sie die verschiedenen Webemuster einzeichnen und in die sie auch eintragen, wie die Arbeit aufgesteckt werden soll. Viele sind von der Handarbeit, namentlich vom Weben, so sehr eingenommen, daß sie oft die Lehrerinnen vor Beginn der Weihnachtsferien bitten, den Unterricht auch während der Ferienzeit fortsetzen zu dürfen. In gesundheitlicher Hinsicht haben sich beim Webunterricht in keinem Falle Nachteile ergeben. Natürlich wird ein den Kräften der Kinder angepaßtes Maß von Arbeit in diesem, wie in jedem andern Fache der Handfertigkeit nicht überschritten werden dürfen und das rechte Maß glaubt man im Rahmen des Stundenplanes innezuhalten. Der hohe praktische Wert des Webunterrichts hat sich darin gezeigt, daß mehrere Schülerinnen nach Entlassung aus der Anstalt in ihrer Gemeinde hörenden und sprechenden Menschen Unterricht erteilt haben und daß manche durch die Ausübung der früher erworbenen Fertigkeit im Leben ihr Auskommen finden. Selbstverständlich erreicht nicht jede dieses Ziel. Es gehört auch natürliche Beanlagung zur Weberei. Wenngleich solche nicht bei allen vorhanden ist, so ist sie doch öfter anzutreffen als man anzunehmen geneigt sein mag. Der Webunterricht wird durch die Handarbeitslehrerin erteilt, die in anderen Handarbeits- und Webschulen des Landes ihre sachliche Ausbildung erhalten hat. Die Deckung der Kosten dieses Unterrichtsgegenstandes geschieht in der Weise, daß der jährliche Haushaltsplan der Schule eine Summe für die Unterrichtserteilung und die Handarbeitszutaten vorsieht. Da dieser Betrag aber nicht immer genügt, werden die Erträgnisse und Zinsen einzelner Stiftungen für die Beschaffung von Zutaten mit verwendet. Aus letzteren werden u. a. Kleider für die unbemittelten Kinder gefertigt. Die meisten der von den Zöglingen getragenen Kleidungsstücke sind in der Schule selbst gewebt und genäht worden. Auch sonst kommen allerlei Erzeugnisse aus den Händen der webenden Zöglinge innerhalb der Anstalt zum Gebrauche. So sind z. B. alle Gardinen der Gebäude von den Schülerinnen gewebt. Immerhin kann daneben ein Teil der Arbeiten verkauft werden. Die Bewohner der Stadt nehmen solche bereitwillig ab. Auch auf Bazaren 2c. — zum Teil zum Besten der Taubstummen selbst — bilden die Arbeiten der Schüler gern gesehene Gegenstände.

Herr Direktor Killinen hat mir eine sehr umfangreiche Sammlung von Proben überlassen, die Art und Beschaffenheit der Webarbeiten der Schülerinnen zeigen soll. Die Kollektion erschöpft trotz ihrer Reichhaltigkeit keineswegs die Gesamtheit der in der Anstalt gebräuchlichen Muster. Man fertigt auch größere Teppiche, Bettdecken, Tischdecken u. s. w., zum Teile von unzweifelhaft künstlerischem Werte an. Jedenfalls bekunden aber schon die in der Hand des Verfassers befindlichen Stücke eine ganz hervorragende

Leistungsfähigkeit der Zöglinge, obwohl diese sämtlich in den Kinderjahren stehen.

Erst in Kuopio erfuhren wir, daß auch die Taubstummenschule zu St. Michel die Weberei als Teil des Handarbeitsunterrichts verwertet. Leider war in Anbetracht der Zeit eine Rückkehr in diese südlicher gelegene Stadt unmöglich. Der Direktor der dortigen Anstalt, Herr J. Savolainen, hat später jedoch nachstehende Auskunft über die Einrichtungen seiner Schule erteilt:

Die Taubstummenanstalt zu St. Michel ist am 1. September 1893 eröffnet worden; sie zählt 7 Klassen, außer dem Leiter 3 Lehrer, 4 Lehrerinnen, eine Vorsteherin für das Internat, eine Stundenlehrerin für das Turnen der Mädchen. Die Schule ist Inter= und Externat. Die Schüler des ersten Jahrganges wohnen in der Schule, die übrigen in der Stadt. Die Schülerzahl beträgt 89. Die Unterrichtsmethode beruht auf dem Schreib=Hand=Alphabet. Auf die einzelnen Lehrer entfällt folgendes Wochenpensum: den Direktor 12 Stunden, die Internatsvorsteherin 20 Stunden, die Lehrer und Lehrerinnen je 28 Stunden. Der intellektuelle Unterricht findet während der Stunden von 8 bis 10 und 12 bis 3, das Turnen von 10 bis 12, der Handfertigkeits= und Handarbeitsunterricht von 4 bis 8 Uhr statt. Eine Anlage zu diesem Bericht zeigt den ganzen wöchentlichen Stundenplan der Schule und ferner den Lehrgang für den manuellen Teil des Unterrichts. Es ergibt sich daraus, daß der schon in der untersten Klasse beginnende Handarbeitsunterricht auch hier eine wesentliche Rolle spielt, ferner, daß der Unterricht im Weben in der vierten Klasse einsetzt, und in erweitertem Umfange in den höheren Klassen fortgeführt wird.

Jährlich werden die sämtlichen Schüler von dem Schularzt untersucht. Soweit sie an Herzfehlern leiden, werden sie zum Weben nicht zugelassen. Im übrigen aber nehmen alle an diesem Unterricht teil und die dabei gemachten Erfahrungen lassen sich nur als günstige bezeichnen. Der Unterricht im Weben wird von einer Lehrerin erteilt, welche das Volksschullehrerinnenseminar durchgemacht hat und überdies zwei Jahre hindurch an einer Taubstummenschule ausgebildet worden ist.

Die Schule verfügt über eine Summe von 1200 Mark im Jahr zur Beschaffung von Handarbeitsmaterial. Die Arbeiten werden teils den Kindern selbst überlassen, teils gelegentlich der Abgangsprüfungen verkauft. Eine recht beachtenswerte Sammlung von Erzeugnissen ist auch seitens dieser Anstalt zur Verfügung gestellt. Aus einem neuerdings eingegangenen Schreiben des Herrn Direktor Savolainen mögen noch folgende Äußerungen Platz finden: „Wir suchen hier in Finland dahin zu wirken, daß unsere Schüler, nachdem sie die Schule acht Jahre besucht haben, soweit als möglich dergestalt vorbereitet sind, daß sie während der Schulzeit durch den intellektuellen Unterricht das Wissensmaß bekommen, welches jedem Mitbürger nötig ist, um die Verpflichtungen gegen die bürgerliche Gesellschaft erfüllen zu können. Durch den Handarbeitsunterricht streben wir an, daß unsere Schüler nach Verlassen der Schule sich selbst zu ernähren vermögen, ohne die Hilfe der Gemeinde oder der Armenverwaltung in Anspruch nehmen zu müssen. Das ist das Ideal unserer Schulen, deren Grund der tief religiöse Unterricht vom Heilande ist. Nach dem intellektuellen Unterricht, dem „Sitzen", sind Turnen und Handarbeit dem Körper nützlich; sie erfrischen ihn. Gern sitzen die Mädchen am Webstuhl und stehen die Knaben an der Hobelbank, wenigstens in unserer Schule. Die Knaben kommen beinahe jeden Tag, um Extraarbeit zu tun. Meiner Ansicht nach ist die Einordnung der Handarbeit in den allgemeinen Unterrichtsplan, so wie sie in den finländischen Taubstummenanstalten durchgeführt ist, unentbehrlich für die Zukunft der Schüler, da diese sich mit den intellekuellen Kenntnissen, welche ihnen die Schule bietet, nicht ernähren können."

Eine dritte staatliche Taubstummenschule in Finland ist diejenige in Borgå im südlichen Teile des Landes. Ein Neubau ist für dieselbe hergestellt worden, der aber zur Zeit unserer Anwesenheit noch nicht vollständig in Gebrauch genommen werden konnte. Der Direktor, Herr Ossian Wichmann, hat mündlich und schriftlich Nachstehendes berichtet: Der Handarbeitsunterricht für die weiblichen Zöglinge besteht aus folgenden Zweigen: Leinennähen, Kleidernähen, Stricken, Häkeln und Weben. Von diesen Teilen gehört das Weben schon seit dem Jahre 1850 zum Unterricht. Der Handarbeitsunterricht erstreckt sich auf je 6 Stunden für jede der vorhandenen vier Klassen. Auf die übrigen Lehrgegenstände entfallen 30 Stunden in jeder Klasse. Das Weben beginnt bei den größeren Mädchen im fünften, bei den kleineren im sechsten Schul- bezw. im 14. und 15. Lebensjahre. Eine ausgebildete Taubstummenlehrerin, unterstützt von einer Fachlehrerin, die nicht eine besondere Prüfung im Taubstummenlehrberuf abgelegt hat, erteilt den Handarbeitsunterricht für die Mädchen. Das Ziel des letzteren geht dahin, die Schülerinnen in Handarbeit wie im Weben so weit zu bringen, daß sie späterhin die bezüglichen Arbeiten für den eigenen Bedarf im Hause ausführen können. („In Finland", so schreibt Herr Wichmann, „gibt es einen Webstuhl in jedem Hause auf dem Lande.") In wirtschaftlicher wie erzieherischer Hinsicht ist der Unterricht im Weben von größter Wichtigkeit. Wohl kann eine Überanstrengung der Kinder bei dieser Arbeit eintreten. Wenn aber eine ausreichende Überwachung der Schülerinnen stattfindet und von Zeit zu Zeit eine kleine Ruhepause gelassen wird, so darf man gewiß nicht von gesundheitlicher Gefährdung sprechen.

Eine weitere Taubstummenanstalt befindet sich zu Åbo im südwestlichen Finland. Die nachstehenden Angaben sind von dem Direktor, Herrn Pastor A. Eliel Nordman, brieflich gemacht worden: „Der Handarbeitsunterricht wird für alle Schüler bereits in der untersten Klasse begonnen, woselbst Knaben und Mädchen gemeinsam mit Strumpfstricken und Häkeln von Staubtüchern beschäftigt werden. In der zweiten Klasse findet die Teilung nach Geschlechtern statt. Die Knaben werden von da an vorzugsweise in Holzarbeiten unterrichtet. Die Mädchen müssen Nähen, Stricken, Ausbessern, Stopfen, Maßnehmen, Zuschneiden und die selbständige Anfertigung von Kleidern erlernen. Erst im achten, im letzten Schuljahr, tritt das Weben hinzu. Die Zahl der wöchentlichen Unterrichtsstunden beträgt 35 bis 38, wovon auf den Handarbeitsunterricht 6 bis 8 entfallen. Das Weben ist in der Schule, die eine völlige Reorganisation erfahren hat, erst seit zwei Jahren durchgeführt. Der Unterricht geschieht durch eine Taubstummenlehrerin, die gleichzeitig in der Erteilung des Handarbeitsunterrichts ausgebildet ist. Die Schülerinnen werden zumeist in der Herstellung gewöhnlicher Webstoffe, aber auch, je nach der Beanlagung, in der Kunstweberei unterwiesen. Die Erzeugnisse werden zum Teil für Rechnung der Schule veräußert. Der Ertrag kommt alsdann aber teilweise wieder den Schülern als ein Mittel der Ermunterung zu gute. Einzelne Arbeiten bleiben Eigentum der Schule, um aus ihnen eine Mustersammlung zu bilden. Der jährliche Kostenaufwand für den Webunterricht beläu t sich höchstens auf ein paar hundert Mark. Über den praktischen Nutzen dieses Unterrichtsfaches will Herr Direktor Nordman sich in Anbetracht der Kürze der Zeit, während welcher dort Erfahrungen haben gewonnen werden können, nicht abschließend äußern. „Ich glaube aber doch," so heißt es wörtlich in seinem Briefe, „daß derselbe seinen großen Wert hat in einer Zeit, in welcher die Fertigkeit des Webens an manchen Orten zurückgeht, weil man für seinen Bedarf die billigeren, wenngleich minder haltbaren Fabrikerzeugnisse bevorzugt. Von der Arbeit zeigen sich die Schüler in höchstem Maße befriedigt, so daß der pädagogische Vorteil nicht unterschätzt werden darf. Irgend welche Überanstrengung für die Kinder haben wir nicht beobachten können," Ein kurz gefaßter Lehrgang für den Unterricht kommt in den Anlagen zum Abdruck.

In der Nähe der Stadt Tavastehus befindet sich zu Perttula die Schule für schwachsinnige Kinder. Über diese Anstalt liegen bemerkenswerte schriftliche und gedruckte Mitteilungen, und zwar des Leiters, Herrn Edvin L. Hedman, vor. „Die Absicht, nur bildungsfähige Kinder zuzulassen, läßt sich keineswegs von vornherein so ganz leicht verwirklichen, da der Bildungsgrad keineswegs feststeht. So werden denn auch zunächst auf eine Probezeit bis zu zwei Jahren alle aufgenommen, nach dieser Zeit jedoch die bildungsunfähigen nach und nach ausgeschieden. Da das Bestreben sich dahin richtet, die Mehrzahl der Schüler dem Leben als brauchbare Menschen zuzuführen und sie soweit möglich zu befähigen, sich selbst zu ernähren oder mindestens zum eigenen Unterhalte beitragen zu lassen, wird bei dem Unterricht ein wesentliches Gewicht auf die praktische Ausbildung gelegt. In erster Linie werden Land- und Gartenarbeit, sowie ähnliche in der Landwirtschaft vorkommende Verrichtungen gepflegt, an denen sämtliche Schüler teilnehmen. Hierbei greifen auch der Schulvorsteher und die Vorsteherin, ebenso der Arbeitslehrer und die sechs pädagogisch ausgebildeten Lehrerinnen, unter den Ferien gleichfalls die Hausmutter mit ein. Grade solche Tätigkeit übt auch einen wichtigen Einfluß in pädagogischer Hinsicht auf schwachsinnige Kinder und daher wird im Frühling und Herbst das Lesen in der Schule zu Gunsten der körperlichen Beschäftigung etwas eingeschränkt. Alle Eleven erhalten demnächst Übung in häuslichen Arbeiten, die älteren Mädchen besonders in der für sie eingerichteten Schulküche, in welcher die sämtlichen in einem Hauswesen vorfallenden Verrichtungen geübt werden. Der Winter ist, abgesehen von der auf Lesen und die andern gewöhnlichen Unterrichtszweige verwendeten Zeit, namentlich dem Handarbeitsunterricht, gewidmet, wofür fünf Nachmittage in der Woche bestimmt sind. Die kleinsten und am wenigsten begabten Eleven, sowohl Knaben wie Mädchen, müssen vorbereitende Strick- und Nähübungen durchnehmen, die, mit dem Einfachsten und Leichtesten beginnend, dahin zielen, brauchbare Leistungen zu stande zu bringen. Die Knaben werden mit Holzarbeiten, Netzeanfertigen, Bürstenbinden und Schuhmacherei beschäftigt, einige mit Übungen in mehreren Fächern, andere nur in einem, je nach Befähigung des Einzelnen. Die Mädchen widmen sich den eigentlich weiblichen Arbeiten: Stricken, Nähen, Stopfen, Flicken, alles für den Gebrauch in der Anstalt, zur Abwechselung und Aufmunterung teilweise auch mit feineren Arbeiten, und schließlich dem Weben. Ein bestimmter Lehrgang oder Kursus im Weben nach Altersgruppen und Klassen läßt sich nicht innehalten, da die Eleven natürlich so ungleichmäßig begabt sind, daß überhaupt auf keinem Gebiete ein einheitlicher Lehrplan aufgestellt oder befolgt werden kann. Man sucht deshalb den Unterricht den individuellen Fähigkeiten der Einzelnen anzupassen. Erst nachdem die Mädchen eine gewisse körperliche Entwicklung erreicht haben — das Durchschnittsalter schwankt zwischen 12 und 14 Jahren — beginnt das Weben. Die Kinder suchen wir so weit zu bringen, daß sie selbst alle vorkommenden Arbeiten zu leisten in der Lage sind, daß sie also die Webe auf den Scheerbaum bringen und in die Ösen einziehen können u. s. w. Den Anfang bildet die Herstellung einfach zweischaftiger Staubtücher, sie erreichen aber nicht viel mehr als die Möglichkeit, halbwollene Kleiderzeuge in einfachen Mustern zu fertigen, ausnahmsweise sind Drapriezeuge und Piquédecken aufgesetzt und gewebt worden. Wir haben gewöhnlich acht Webstühle in Gang. Aber als Schwachsinnige arbeiten unsere Mädchen langsam und bedächtig, obwohl mit großem Vergnügen und durchaus gewissenhaft. Die meisten zeigen sich in hohem Maße interessiert für diese Arbeit und wenn dieselben nicht in zu jugendlichem Alter begonnen und nicht unverhältnismäßig intensiv betrieben wird, kann nach den gemachten Erfahrungen niemals eine ungünstige Einwirkung — weder in hygienischer, noch in anderer Hinsicht — Platz greifen. Aber zu einer *wirklich selbständigen* Fertigkeit, zu einer gesicherten Erwerbsfähigkeit auf eigene Hand und ohne Anleitung können die Idioten nach meiner Überzeugung ebenso wie auf anderen Erwerbsgebieten im Weben nur in ganz seltenen Fällen gelangen. Die Leitung der Lehrerin vermögen sie nicht zu missen, wenngleich die Älteren und Befähigteren es so weit bringen, daß sie nicht gerade einer ständigen Beaufsichtigung bedürfen. Das Weben als Unterrichtsgegenstand für schwachsinnige Kinder möchte ich sicherlich nicht entbehren, weil es sich als möglich herausgestellt hat, daß Mädchen dieser Art eine elementare Fähigkeit in demselben sich aneignen, weil die Mehrzahl eine ausgeprägte Neigung und ein wirkliches Interesse dafür an den Tag legt und weil das Weben als häusliche Beschäftigung unter geeigneter Anleitung eine treffliche Arbeitsgelegenheit, namentlich in den Mußstunden der winterlichen Jahreszeit, darstellt."

In einem die Jahre 1892—97 umfassenden Bericht über die Idiotenanstalt Perttula betont Herr Direktor Hedman nachdrücklich, daß bei der Erziehung von geistesschwachen Kindern intellektueller und manueller Unterricht unbedingt Hand in Hand miteinander gehen müssen. Die praktische Arbeit allein sei nicht imstande, den Schwachsinnigen zu erwecken. Aber ebenso wenig dürfte das eine auf Kosten des anderen zurückgesetzt werden — beide Richtungen hätten sich zu ergänzen. Und was die für weibliche Schüler in Betracht kommenden Arbeitszweige anlangt, so legt Herr Hedman auch an dieser Stelle entscheidendes Gewicht auf das Weben, das früher auf zwei und jetzt, wie bemerkt, auf acht Webstühlen betrieben wird. Die von dort her zur Verfügung gestellte Sammlung von Arbeiten der Anstalt setzt sich aus einfachen Gebrauchsstoffen zusammen, deren sorgfältige Ausführung für die Leistungsfähigkeit der Schüler ein recht günstiges Zeugnis bildet.

Die älteste Blindenanstalt Finlands ist, wie erwähnt, in Kuopio befindlich. Hervorragend sind in dieser Anstalt (Direktor Pastor K. Lyytikäinen) mancherlei Erzeugnisse der Handfertigkeit, aber das Weben wird dort nicht geübt. Wir sehen deshalb hier von einer näheren Berücksichtigung der Schule ab.

Die im Jahre 1865 in Helsingfors eröffnete staatliche Blindenanstalt, die zuerst in Fräulein Lindsén, danach in Fräulein A. Roos ihre Vorsteherin gehabt hat und nunmehr — seit 1876 schon — von Fräulein Hanna Ingman geleitet wird, zählt unter ihren 24 männlichen und 24 weiblichen Eleven zwei taubstumm-blinde Schüler — einen Knaben und ein Mädchen. Die weiblichen Handarbeiten, vorzugsweise Näh- und Strickarbeiten, sind von ganz vortrefflicher Güte. Besondere Beachtung verdienen die von dem 14jährigen taubstumm-blinden Mädchen mit der Näh- wie Stricknadel angefertigten Gegenstände. Über die mit dem Webunterricht bei den Blinden gemachten Erfahrungen spricht sich Fräulein Ingman wie folgt aus: „In einer früheren Periode meiner Tätigkeit als Blindenlehrerin benutzte ich das Weben als Lehrgegenstand, besonders für weibliche Eleven, die nach beendetem Schulbesuch Aussicht hatten, in das Elternhaus zurückzukehren, wo die Blinden in der Regel sich in allen häuslichen Verrichtungen entsprechend den in der Schule erlangten Fertigkeiten nützlich machen können. Später kam dieser Unterrichtszweig während einer Reihe von Jahren in Wegfall, bis derselbe im letzten Jahre aufs neue aufgenommen wurde, indes einstweilen nur für zwei Schülerinnen, deren Unterricht sich auf ca. drei Stunden wöchentlich erstreckt. Eine Probe der von ihnen geleisteten Arbeiten liegt vor. Ich bin aber der Ansicht, daß von Blinden das Weben nicht so selbständig und mit solchem Geschick betrieben werden kann, als daß demselben eine eigentliche Bedeutung als Erwerbsquelle für arbeitende blinde Frauen beizumessen wäre. Für diejenigen Blinden allerdings, welche im eigenen Heim leben, dürfte das Weben Vorteile bieten, da sie ohne Zweifel eine gewisse Fertigkeit in den rein mechanischen Handgriffen bei dieser Verrichtung zu erlangen vermögen. Ungünstige Folgen gesundheitlicher Art haben sich nicht gezeigt — eher möchte die Tätigkeit am Webstuhl als ein nützliches Schutzmittel gegen die Arbeit im Sitzen anzusehen sein, auf welche blinde Frauen der Regel nach angewiesen sind. Überdies habe ich gefunden, daß die gedachte Beschäftigung von den Blinden mit wirklichem Interesse betrieben wird. Gewiß entbehrt die Sache in pädagogischer Beziehung keineswegs des Wertes, da das Weben geeignet erscheint, eine Art Behändigkeit und Fixigkeit zu entwickeln, Eigenschaften, in deren Besitz die Blinden von Natur aus zumeist nicht sind."

Eine weitere Pflegeanstalt auf finländischem Boden, in welcher die Handarbeit von großer Bedeutung ist, bildet das Krüppelheim in Helsingfors, ein Heim zur Aufnahme von Personen, teils Kindern, teils Erwachsenen, die durch angeborene körperliche Gebrechen, Krankheit oder Unglücksfall der Gebrauchsfähigkeit ihrer Glieder entbehren und demnach nicht imstande sind, sich selbst zu ernähren. Für derartige Bedauernswerte ist in Nordeuropa die erste Heimstätte im Jahre 1873 von Pastor Hans Knudsen in Kopenhagen ins Leben gerufen worden. Die Hauptstadt des Großherzogtums Finland gehört zu den Städten, die verhältnismäßig frühzeitig das treffliche Beispiel des dänischen Geistlichen nachgeahmt haben. Im Jahre 1889 beschlossen einige für die Sache interessierte Damen daselbst die Bildung eines Vereins zur Fürsorge für Krüppel, dessen Aufgabe sein sollte, körperlich verkrüppelten Personen passende Arbeit zu geben, denjenigen, die solche erlernt, Arbeitsverdienst zu verschaffen, durch entsprechende Pflege und Behandlung den Gebrechen nach Möglichkeit abzuhelfen, sowie auch sonst diesen Unglücklichen beizustehen. Bei einer Feststellung der Anzahl vorhandener Krüppel ergab sich, daß deren mehrere Tausend im Lande sein sollten. Am 10. November 1890 wurde die erste Arbeitsschule für Krüppel in Helsingfors eröffnet, nachdem die Dame, welche die Leitung übernehmen sollte, Fräulein Signe Häggman, auf Staatskosten für den Beruf in Kopenhagen ausgebildet worden war. Die Arbeitsschule hat in ihrem Unterricht nach Möglichkeit eine praktische Richtung einzuschlagen versucht, damit die Schüler später zu einer selbständigen Existenz gelangen. Die Schüler werden beschäftigt mit Rohrflechtarbeit, Bürstenbinderei, Bastarbeiten, Holzarbeiten, Korbflechten, Drechslerei und Holzschnitzen. Die Mädchen genießen Unterricht in Häkeln, Sticken, Nähen (mit der Hand und auf der Maschine), Zeichnen und auch Weben. Was insonderheit das letztere anbetrifft, so hat sich auch hier dieser Gegenstand als sehr zweckmäßig für die Verwertung bei Zöglingen der bezeichneten Art erwiesen. Eine interessante Sammlung von Arbeiten aus der Krüppelanstalt Helsingfors liegt vor und nicht zum wenigsten fallen dabei die Webereien durch ihre Gediegenheit auf. So sehen wir u. a. ein im sogen. Smyrnamuster hergestelltes farbenreiches Kissen, das ein fünfzehn Jahre altes Mädchen mit verkrüppelter Hand gearbeitet hat. Die Zahl der Schüler ist von 14 im Jahre 1890 auf 68 im Jahre 1900 angewachsen. Der zehnte Jahresbericht (für 1899) enthält die Angabe, daß seit Errichtung der Anstalt 160 Zöglinge verschiedensten Alters — zwischen 8 und über 40 Jahren stehend — dort Unterricht und Pflege genossen haben. Von diesen haben 47 einen vollständigen Lehrgang durchgemacht, 42 üben als selbständige Gewerbtreibende ihren Beruf aus oder sind in gewerblichen Betrieben tätig, 5 arbeiten zur weiteren Ausbildung in Seminarien und Kunstinstituten. 28 haben vorzeitig abgehen müssen, weil die Gemeinden die Gewährung eines Zuschusses zu den Unterhaltungskosten ablehnten oder rückgängig machten oder weil Krankheit ein längeres Verweilen unmöglich machte. Neun waren verstorben. Über die Beschaffenheit der Gebrechen sei erwähnt, daß die Meisten entweder eines Armes, öfters des rechten, oder einer größeren oder kleineren Anzahl Finger entbehrten. Bei den Einen war die eine Körperhälfte oder beide Beine gelähmt; Andern wiederum fehlte ein Bein, oder auch hatten sie einen Klumpfuß, oder waren mehr oder weniger verkrüppelt infolge von Verkrümmungen des Rückgrates u. s. w. Einem Mädchen fehlten beide Hände. Eine männliche Person hatte von allen Extremitäten nur den linken Arm übrig.

Die Unterrichtsmethode stellt die Geduld und Erfindungsgabe der Lehrerin auf eine harte Probe, denn mit jedem Schüler beginnt für die Lehrerin ein neues Studium. Hier gilt es, nicht nur auf die Lust und Neigung des Schülers Rücksicht zu nehmen, sondern die Arbeit muß auch seinem Gebrechen und seinen Kräften angepaßt werden. Jeder neue Arbeitszweig erfordert nicht nur das hierzu nötige Werkzeug, sondern obendrein ein ganz besonders konstruiertes Werkzeug, das das fehlende oder verkrüppelte Glied ersetzen soll. Wo Hände und Arme mangeln, da muß die Arbeit mit den Lippen und Zähnen ausgeführt werden. Die Schüler legen Interesse für den Unterricht an den Tag und arbeiten mit Lust und Liebe. Ihre Erzeugnisse werden in der Schule verkauft. Nach Abzug des Materialpreises erhalten sie den Rest als Arbeitslohn. Nachdem die Schüler den ganzen Lehrkursus der Schule durchgemacht haben, erhalten sie ein Abgangszeugnis, wobei sie zugleich mit nötigen Werkzeugen und Materialien versehen werden, um auf eigene Hand fortarbeiten zu können.

Die Schule vermittelt auch den Verkauf von Erzeugnissen solcher Schüler, welche die Schule verlassen haben. Erfreuliche Nachrichten sind oft von diesen Schülern eingelaufen: während sie früher ihren Eltern oder der Armenpflege zur Last fielen, können sie sich jetzt zum größten Teil selbst ernähren. Tatsächlich hat der Verein durch seine Tätigkeit eine Anzahl sonst äußerst bemitleidenswerter Menschen zu nützlichen Mitgliedern der Gesellschaft gemacht und Licht und Freude in manches vorher traurige Dasein getragen. Und wir wiederholen, daß auch hier gerade die Ausbildung in der Weberei sich als ein brauchbares Mittel erwiesen hat.

\* \* \*

In Schweden haben vorzugsweise die Idioten= und verwandte Anstalten das Feld der angestellten Beobachtungen gebildet. Auch über die bezeichneten Einrichtungen mögen einige allgemeine Mitteilungen vorausgeschickt werden, die der Professor der Medizin an der Universität Lund, Herr Dr. S. Ribbing, zu machen die Güte gehabt hat.

Die „Abnormschulen" in Schweden werden durch die dortigen Provinzialvertretungen, die sogen. Landstinge, unterhalten. Das betreffende Landsting sorgt für die Bauten, wählt die Direktion und stellt die nötigen Geldmittel zur Verfügung. Unter gewissen Voraussetzungen gewährt die Regierung aus den von dem Reichstag bewilligten Gesamtmitteln einen bestimmten Betrag für jedes einer Abnormschule zugewiesene Kind. Dieser Betrag ist für blinde Kinder auf 300 Kronen, für taubstumme und schwachsinnige auf 250 Kronen bei Internen und 125 Kronen bei Externen jährlich festgesetzt. Alle Anstalten werden jährlich durch staatlich ernannte Aufsichtsbeamte inspiziert. Der Blindenunterricht ist obligatorisch. Die Kinder treten mit 7 bis 9 Jahren in die Anstalt und verbleiben daselbst zehn Jahre hindurch und zwar vier Jahre in der Vorbereitungsabteilung. Die Eltern der Kinder zahlen eine mäßige Summe, Unbemittelte nur 50 Kronen (à 1,12½ Mark) jährlich. Die Schüler werden theoretisch und praktisch unterrichtet, auch in der Anstalt konfirmiert.

Ebenso ist der Taubstummenunterricht, der in Schweden schon im Jahre 1807 seinen Anfang genommen hat, obligatorisch. Die neueste gesetzliche Regelung des Taubstummenunterrichtswesens hat im Jahre 1889 stattgefunden. Es bestehen öffentliche Anstalten in Stockholm (Manilla), Wärjö, Lund, Karlskrona, Wenersborg, Örebro, Karlstad, Gefle und Hernösand. Daneben gibt es zwei private Taubstummenschulen: in Stockholm („Die stille Schule") und Hjorted und zwei Anstalten zur Aufnahme von erwachsenen Taubstummen, Vadstena und Bollnäs. In den sämtlichen Taubstummenanstalten des Landes waren 1898/99 938 Eleven, davon 538 männlichen und 402 weiblichen Geschlechts. In jene Zahl sind 78 ältere Taubstumme einbegriffen. Der Unterricht wird erteilt von 54 männlichen und 68 weiblichen Lehrkräften. Die Kinder werden mit 7 bis 10 Jahren der Anstalt überwiesen und bleiben dort der Regel nach acht Jahre. Der jährliche Staatszuschuß von 250 Kronen wird nicht für längere Zeit gezahlt. Wenn besondere Umstände ein längeres Verweilen in der Schule fordern, so kommen die gesamten Kosten des Unterhalts auf das Landsting und die Familie. Der Unterricht erfolgt auch hier nach der theoretischen wie praktischen Seite hin. Die Schüler werden im entsprechenden Alter konfirmiert.

Der Unterricht für schwachsinnige Kinder ist noch nicht obligatorisch. Die schwedischen Idiotenanstalten reichen für die Durchführung einer allgemeinen Unterbringung schwachsinniger Kinder nicht aus. Schon der freiwillige Andrang erweist sich zahlreicher, als bei dem Umfang der zur Verfügung stehenden Räumlichkeiten Unterkunft beschafft werden kann. Die Kinder können mit 6 bis 12 Jahren eintreten. Auf acht Jahre wird der oben erwähnte Staatszuschuß gewährt. Für sieben (früher fünf) weitere Jahre kann eine Beihilfe von 100 Kronen behufs der Aufnahme in ein Arbeitsheim zugestanden werden. Länger als fünfzehn Jahre dauert die Beteiligung der öffentlichen Organe an der Fürsorge für Schwachsinnige nicht. Die während eines solchen Zeitraumes nicht erwerbsfähig gewordenen Pfleglinge werden alsdann an die Familien zurückgegeben oder in Armen- oder Werkhäuser überwiesen. Die von den Eltern zu leistenden Aufwendungen schwanken entsprechend den wirtschaftlichen Verhältnissen. Nach einem von dem „Verein für die Pflege schwachsinniger Kinder" in Stockholm veröffentlichten Jahresbericht für 1900 waren am Schlusse des Jahres 1899 in den im Königreich vorhandenen 20 Erziehungsanstalten (Schulen) für Idioten 609 Kinder untergebracht. Außerdem gab es in 6 Arbeitsheimen für erwachsene schwachsinnige Männer und Frauen 101 und in 9 Pflegeanstalten (Asyle) 166 Insassen. Alle diese 35 Veranstaltungen stehen mit Ausnahme von zwei Schulen und einem Arbeitsheim, die einen männlichen Vorsteher haben, unter der Leitung von Frauen. Die Erziehung der schwachsinnigen Kinder in Schweden liegt eben ganz überwiegend in weiblicher Hand. Auch das in Stockholm befindliche Seminar zur Ausbildung von Lehrerinnen an derartigen Schulen ist einer Dame, Fräulein Estrid Rappe, unterstellt und an diesem Seminar unterrichten neben vier Herren fünf Damen. In den Schulen bewegt sich die Schülerzahl zwischen 10 und 62. Die Durchschnittsziffer ist reichlich 30.

Von den schwedischen Schulen für schwachsinnige Kinder haben wir die folgenden besuchen können[1]:

Die Schule für schwachsinnige Kinder (Skolan för sinnesslöa barn) in Stockholm, eine Privaterziehungsanstalt, die im Jahre 1869 von dem vorhin genannten Verein begründet worden, bezweckt, schwachsinnigen und in der Entwicklung zurückgebliebenen Kindern aller Stände Pflege und Erziehung angedeihen zu lassen, sofern diese auf die eine oder andere Weise für intellektuellen oder praktischen Unterricht empfänglich sind. Die Schule ist ein Internat, dem der jährliche Staatszuschuß (250 Kr.) für jedes bildungsfähige Kind, dessen Unterbringung nach den jetzt geltenden Sätzen ca. 500 Kronen pro Jahr kostet, zufließt. Gegenwärtig befinden sich. rund 50 Schüler, davon reichlich die Hälfte Mädchen und etwas weniger Knaben, in der Anstalt. Bei der Erziehung geht man von dem Grundsatz aus, daß für die zurückgebliebenen Kinder der „praktische" Unterricht der zweckdienlichste ist; daher hat die Schule ihre Tätigkeit vor allem auf diesen gerichtet, ohne doch diejenigen Möglichkeiten zur Entwicklung unberücksichtigt zu lassen, die durch theoretische Unterweisung erreicht werden können. Von den praktischen Fächern werden betrieben bei den Knaben: Holzarbeit (Tischlerei, Drechslerei und Holzschnitzerei), Korbmacherei, Schuhmacherei und Gartenbestellung; bei den Mädchen: Nähen, Weben, Stricken und Klöppeln. In diesen Dingen hat ein großer Teil der Kinder eine recht bedeutende Fertigkeit gewonnen. Im Vorjahre nahmen am Nähen 29, am Häkeln 8, am Klöppeln 8, am Bandweben 12, am sonstigen Weben 16, am Stricken 33, am Tischlern, Drechslern und Holzschnitzen 20 Kinder regelmäßig teil. Die Vorsteherin der Anstalt, das schon erwähnte Fräulein Estrid Rappe, hat liebenswürdigerweise bei Übersendung einer sehr beachtenswerten Sammlung von Web- und Klöppelarbeiten, die einen Einblick in die Mannigfaltigkeit des Arbeitsgebietes und die hervorragende Leistungsfähigkeit gewährt, folgende Bemerkungen gemacht:

„Das Bandweben gehört zu den Verrichtungen, die besonders für die kleinen und unentwickelten Zöglinge sich eignen. Im allgemeinen können selbst sehr wenig Begabte die Ausführung erlernen. Die Kreuzstichstickerei wird ebenfalls viel geübt und darf als eine sowohl angenehme, wie auch erzieherisch wertvolle Arbeit bezeichnet werden. Die Kinder kommen dabei weit leichter zu Gange als beim Leinennähen, das sie erst etwas später erlernen. Die verschiedenen Farben interessieren sie, sie lernen rechnen, denken und aufmerksam sein. Wenn sie dabei etwas Hübsches zu Tage fördern, haben sie ersichtlich ihre Freude daran. Das Weben kann von den allermeisten Kindern erlernt werden und fesselt alle. Schon neun- oder zehn-

---

[1] Die Ermittelungen des Verfassers in Schweden sind in ebenso wirksamer, wie entgegenkommender Weise durch den vortrefflichen Leiter des städtischen Armenwesens in Stockholm, Herrn Direktor Albin Lindblom, und den Herrn Konsul R. Schumburg daselbst unterstützt worden.

jährige Kinder beginnen mit demselben und weil ein gewisser Grad von körperlicher Bewegung dazu gehört, ist die Arbeit mehr belebend als das Stillesitzen beim Nähen und Stricken. Im allgemeinen ist es gewiß vorteilhaft, die Kinder nicht zu lange bei einer Arbeit zu belassen, vielmehr auf Abwechselung zu halten. Dies gilt selbstverständlich besonders für die kleinen — die älteren können ohne Schaden und ohne an Interesse zu verlieren etwas länger an einer Sache ausharren. Das Klöppeln ist ebenfalls eine sehr geeignete Beschäftigung, welche die Zöglinge sowohl rasch, wie auch gut auszuüben erlernen können und die ihnen durchweg Vergnügen bereitet. Gesundheitliche Nachteile sind in keiner Weise zu Tage getreten. Ein erheblicher Teil der von den Kindern hergestellten Webereierzeugnisse wird in der Anstalt selbst verwendet."

Eine Filiale dieser Schule für schwachsinnige Kinder bildet die Anstalt Rickomberga, in der Nähe von Upsala, die im Jahre 1878 errichtet ist und zur Zeit von etwa 30 Knaben besucht wird. Die Zöglinge werden einerseits mit allen den Ackerbau betreffenden Verrichtungen, andererseits mit Arbeiten verschiedener Art, als Schuhmacherei, Verfertigung von Ackerbau-Gerätschaften, Sattlerei u. s. w. beschäftigt werden. Eine andere Zweiganstalt unter der Leitung von Freifrau Th. Rappe und einer Lehrerin, Fräulein Annie de Besche, ist das „Arbeitsheim für weibliche Idioten in Stockholm", eine Unterkunftsstätte für die aus der Schule entlassenen weiblichen Zöglinge. Hier befinden sich zwölf Insassen, die ebenfalls vorzugsweise Handarbeiten fertigen und mit diesen zu ihrem Unterhalte beitragen. Sie weben, nähen und flicken ihre Kleider und stellen auch sonstige, teils feinere, teils gröbere Sachen, aber vorzugsweise Webarbeiten, her. Schon auf der großen nordischen Industrieausstellung zu Stockholm im Jahre 1897 fanden die Erzeugnisse der kleinen Anstalt: Gardinen, Paradedecken, Tischdecken, Handtücher u. s. w. berechtigte Anerkennung.

Vierundzwanzig Kilometer nördlich von Stockholm, auf dem Wege nach Upsala, liegt die im Jahre 1884 begründete, von Fräulein Karin Löfström geleitete Stockholmer Kreis-Idiotenanstalt bei Hammarby. Dieselbe umfaßt eine Zahl von etwa 20 Knaben und 10 Mädchen. An der Anstalt sind zwei Lehrerinnen, eine Oberwärterin, die gleichzeitig am Handarbeitsunterricht mit teilgenommen hat, drei Wärterinnen, eine Köchin und ein Slöjd- oder Handarbeitslehrer tätig. Daneben wird auch noch durch einen Lehrer in Schuhmacherei unterrichtet. Die völlig bildungsunfähigen Kinder werden nach einem probeweisen Aufenthalt in der Anstalt ausgeschieden. Die Leistungen der Schüler und Schülerinnen auf allen Gebieten der Handarbeit und des Hausfleißes sind an dieser Anstalt ganz hervorragend, wie eine überaus reichhaltige Sammlung von Schülerarbeiten ersichtlich macht. Sowohl die Klöppel-, wie auch die Webereimuster können vielfach selbst weitgehenden künstlerischen Ansprüchen genügen. Vortrefflich sind überdies die Holzarbeiten, die wir in der Werkstatt, teils von halbwüchsigen Knaben, teils von solchen, welche das schulpflichtige Alter überschritten haben, ausgeführt, entstehen sahen. Die Sorgfalt und Sauberkeit in der Herstellung, auf welche dort ein großes Gewicht gelegt wird, ist dem betreffenden Lehrer zu verdanken, der, von Hause aus Tischler, zweimal an einem Kursus auf dem Hausfleiß=Seminar zu Nääs teilgenommen hat und der eine seltene Gabe zu besitzen scheint, Geschick und Interesse unter seinen Schülern für tüchtige und gefällige Leistungen zu erwecken. Mobilien einfacher Art, ebenso Schultische und Bänke, Webstühle u. s. w. werden in tadelloser Weise gearbeitet. An lohnendem Absatz fehlt es zu keiner Zeit. Zum Teil wird für den eigenen Bedarf der Anstalt gearbeitet.

Bei Upsala ist seit dem Jahre 1893 außer der schon genannten Anstalt Rickomberga, die, wie gesagt, nach Stockholm hin gehört, eine zweite Anstalt für schwachsinnige Kinder, Upsala=Kreis=Idiotenanstalt vorhanden. Hier sind 25 Zöglinge, teils Knaben, teils Mädchen untergebracht. Auch hier nimmt der Handarbeitsunterricht einen breiten Umfang ein. In einem uns vorliegenden gedruckten Jahresbericht für 1900 heißt es: Der Handarbeitsunterricht ließ gute Fortschritte bei den Zöglingen und Hingabe und Interesse bei den Lehrern wie Schülern erkennen. Namentlich tat sich einer der älteren Knaben durch geschickt ausgeführte Arbeiten verschiedener Art, so z. B. in der Herstellung von Schränken, Tischen, Stühlen u. s. w. hervor. Im allgemeinen hatte er dabei Anleitung, aber oft vermochte er auch ganz schwierige Aufgaben völlig auf eigene Hand zu lösen. Im übrigen nimmt unter den Handarbeiten wiederum das Weben einen großen Platz ein und zwar sind am Webstuhl keineswegs nur die Mädchen, sondern auch die Knaben tätig. Die Vorsteherin, Fräulein Sigrid Swanbom, begleitet ihre lehrreiche Sammlung von Arbeitsmustern, die freilich zum Teil von erwachsenen schwachsinnigen Zöglingen herrühren, mit folgenden Bemerkungen: „Aus dem Verzeichnis der Gegenstände geht hervor, daß die Zöglinge durch das Weben in recht erheblichem Maße zu ihrem eigenen Unterhalte mit beitragen können. Immerhin darf man nicht erwarten, daß sie sich selbst versorgen. Die große Mehrzahl bringt es niemals so weit, selbständig eine Webe aufzusetzen. Die meisten Kinder bedürfen einer Überwachung beim Weben, damit die Fäden richtig gelegt und die Eggen (Kanten) gerade gehalten werden. Aber das Weben macht den schwachsinnigen Kindern große Freude, gewöhnt sie an Ordnung und stärkt ihre Muskeln."

Im südwestlichen Schweden ist in der Umgegend der Universitätsstadt Lund die Malmöhus=Kreis=Idiotenanstalt, errichtet 1878, Vorsteherin Fräulein Beate Borg, bemerkenswert. Die Schülerzahl beträgt 52. Der Unterrichtsplan ähnelt demjenigen der vorhin besprochenen Anstalten. Die Entwicklung der Geschicklichkeit der Hand bildet auch hier offenbar einen wichtigen Bestandteil der Erziehung und daß auch die treffliche Leiterin mit ihren vier Gehilfinnen große Erfolge dieser ihrer Tätigkeit zu verzeichnen hat, dafür sind wiederum die uns durch die Vorsteherin und den Wortführer der Anstalt, Herrn Professor Ribbing in Lund, in entgegenkommendster Weise zur Verfügung gestellten Arbeiten aus dem Gebiete der Weberei und der Klöppelei hinreichende Zeugnisse. Wir verweisen auf die im Anhang dieses Berichts mitzuteilenden Bemerkungen des Fräulein Beate Borg über die einzelnen Zöglinge. Die betreffenden Ausführungen zeigen, wie vielfach selbst bei sehr gering begabten, teils auch körperlich zurückgebliebenen Kindern doch noch Veranlagung für den Gebrauch der

Hand vorhanden ist. Hervorragend sind auch die uns in der Anstalt selbst vorgeführten Holzschnitzarbeiten, die, obwohl unter den Händen schwachsinniger Kinder und junger Burschen entstanden, einen unleugbaren kunstgewerblichen Wert verraten. Aus Fräulein Borgs Bericht stellen wir die Schlußworte hierher: „Bei dieser Anstalt haben wir gefunden, daß Holzarbeit, Weben und Klöppeln diejenigen Verrichtungen sind, die den Schülern am meisten gefallen, und die am leichtesten zu erlernen sind."

Bevor wir die Mitteilungen über die schwedischen Idiotenanstalten zum Abschluß bringen, sei noch gesagt, daß auch noch in fast allen andern Anstalten dieser Art im Königreich Schweden die Handarbeit im allgemeinen und die Weberei im besonderen einen breiten Raum in der Erziehung der Zöglinge einnimmt. So ergibt sich aus dem Jahresbericht für 1900 von **Smålands Idiotenheim zu Nannylund bei Eksjö** (Leiterin Fräulein **Tekla Fernström**), daß die Schüler, 24 Knaben und 26 Mädchen, in folgendem Umfange an Handarbeiten u. s. w. teilgenommen haben:

| | |
|---|---|
| Weben | 37 |
| Bandweben | 1 |
| Kunstweben | 4 |
| Staubtuchstricken | 31 |
| Klöppeln | 7 |
| Nähen | 15 |
| Maschinennähen | 2 |
| Drechslerei | 1 |
| Bürstenbinden | 5 |
| Korbmachen | 1 |
| Späneflechten | 5 |

Der letzte Jahresbericht für die im Jahre 1886 begründete **Blekinge Kreiserziehungsanstalt für schwachsinnige Kinder bei Carlshamn** (Leiterin Fräulein **Hulda Åsberg**) mit 20 Zöglingen (12 Knaben, 8 Mädchen) enthält nachstehenden Vermerk: „Neben dem Unterricht in den eigentlichen Schulfächern sind die Schüler mit Zeug- und Bandweben, sowie sonstigen weiblichen Arbeiten nützlicher Art beschäftigt worden. Die Knaben erlernten allerlei Holzarbeiten und wurden in Bürstenanfertigung und Schuhmacherei ausgebildet." Die im Jahre 1894 errichtete Unterrichtsanstalt für schwachsinnige Kinder zu Stretered bei Mölndal (Vorsteher Herr Håkan Jönsson) mit 62 Zöglingen (41 Knaben und 21 Mädchen), verwendet in ihren drei oberen Klassen zwei Stunden und in den zwei unteren Klassen und der Vorschule drei Stunden täglich auf manuelle Übungen. Die größeren Knaben betreiben Holzbearbeitung, Schuhmacherei und Bürstenbinderei, sowie während der geeigneten Jahreszeit Gartenbau; die Mädchen und die kleineren Knaben verschiedene Arten von Handarbeiten, z. B. Stricken, Flechten, Nähen, Weben, Klöppeln u. s. w. Ebenso erstreckte sich im Jahre 1900 in der privaten Schule für schwachsinnige Kinder zu **Carlsvik** bei Södertelje (begründet 1886, Vorsteherin Fräulein **Amy Norberg**, Schülerzahl 14 Mädchen) der Handarbeitsunterricht auf Leinennähen, Stricken, einfache Weberei (Herstellung von Lakenzeugen, Handtüchern u. s. w.), deren Erzeugnisse in der Schule selbst Verwendung finden konnten. Weiter erteilte die **Privatanstalt Ebenezer** zu **Träleborg bei Jönköping**, errichtet 1886, Vorsteherin Fräulein Anna Wilkens, 12 Schüler, für einzelne derselben Unterricht im Bandweben, Klöppeln und Flossaweben. Ähnliche Angaben können noch für die meisten sonst bestehenden Schulen und Anstalten für schwachsinnige Kinder gemacht werden.

Eine verwandte Anstalt, die indes doch wieder ganz anderen Aufgaben dient, ist das „**Eugeniaheim**" in der nächsten Umgebung von Stockholm, eine Zufluchtsstätte für alle verkrüppelten, in körperlicher Hinsicht unheilbar kranken Kinder, denen es sonst an einem Heim und geeigneter Pflege fehlt. Diese Anstalt verdankt ihr Entstehen einer im Jahre 1879 in Gegenwart der am 23. April 1889 verstorbenen Prinzessin Eugenia von Schweden gegebenen Anregung, die von dieser edlen Menschenfreundin sofort in ihrer warmherzigen Weise aufgenommen wurde. Es gelang die Bildung einer entsprechenden Vereinigung, die anfangs sehr bescheiden hauszuhalten hatte, der jedoch nach und nach immer größere Mittel zur Verfügung gestellt wurden. Die ersten Kinder, welche man in Obhut nahm, mußten in Familien untergebracht werden. Im Jahre 1882 konnte eine eigene kleine Häuslichkeit in der Nähe des Dorfes Sundbyberg erworben werden, welche zunächst mit 12 armen kranken Kindern bezogen wurde. Kinder im Alter von 1 bis 15 Jahren fanden Zulaß; sie sollten im allgemeinen bis zu ihrer Konfirmation verbleiben, indes wurden auch Ausnahmebestimmungen für solche vorgesehen, die nicht soweit gebessert wurden, daß sie in anderer Weise gepflegt werden konnten. Die Zahl der Zöglinge stieg und so entschloß man sich denn zu einem zeitgemäßen Neubau im äußeren Weichteile der Hauptstadt, der für rund 160 Kinder Platz bietet und in seinen Einrichtungen — 40 Räume — den weitgehendsten Anforderungen entspricht. Neben den körperlich Verkrüppelten waren zuerst auch Schwachsinnige zugelassen. Obwohl alsbald eine räumliche Trennung der letzteren von den übrigen Kindern vorgenommen wurde, war man später doch genötigt, die eigentlichen Idioten ganz auszuschließen und sich auf die Unterbringung der in körperlicher Hinsicht defekten Kinder zu beschränken. Eine förmliche Slöjdschule für Krüppel wurde organisiert. In derselben wurden die Kinder in allen möglichen Handarbeiten: Bürstenanfertigung, Nähen, Weben, Holzschnitzen, Stroh- und Korbflechten unterrichtet. Die Einrichtung einer Schuhmacherei und Schneiderei für den Bedarf der Anstalt bildete eine weitere Stufe der Entwicklung. Das im Oktober 1886 eingeweihte neue Heim, welches den Namen seiner niemals in ihrer Tätigkeit rastenden Stifterin trägt, hat die Zahl von 160 Zöglingen, welche aufgenommen werden können, zur Zeit völlig erreicht. An der Spitze steht seit 1895 Fräulein Ebba Virgin, eine Dame, die ihrer schwierigen und verantwortungsvollen Stellung in seltenem Maße gewachsen ist. Von der umfassenden Tätigkeit auf dem Gebiete des Handarbeitsunterrichts, an welchem ein großer Teil der Schüler und Schülerinnen mit Erfolg teilnimmt, gibt die kleine uns überlassene Sammlung dort gefertigter Arbeiten

eine nur recht unzulängliche Vorstellung. Auch in diesem großen Anstalts=
betriebe bildet die Handarbeitstätigkeit nicht nur einen wichtigen Teil des
Erziehungsplanes, sondern auch einen bedeutsamen Faktor für die Haus=
wirtschaft der Anstalt selbst, die einen erheblichen Teil der gefertigten
Gegenstände zu verwerten vermag. Ein Besuch des Stockholmer Eugeniaheimes,
das u. A. überaus bedauernswerten Menschenkindern in großer Zahl, sogen.
Wasserköpfen, Unterkunft gibt, bezeugt die Tatsache, daß durch entsprechende
Ausbildung und Anwendung auch die scheinbar wertloseste Kraft und Fähigkeit
des Menschen nutzbar gemacht werden kann. Die Anstalt verdient in jeder
Richtung das Prädikat eines Musterinstituts.

Wir kommen nun zu einer Einrichtung, die von dem gleichen Geiste
hingebender Menschenliebe und bewunderungswürdiger Aufopferungs=
fähigkeit getragen wird: es ist dies das Schulheim für blinde
Taubstumme und blinde Schwachsinnige in Wenersborg im
südwestlichen Schweden — wohl die einzige Schule ihrer Art überhaupt[1] —
an deren Spitze die überaus tätige Gattin des Direktors der staatlichen
Taubstummenanstalt zu Wenersborg — Frau Elisabeth Anrep=Nordin steht.
Die im Jahre 1886 — einem seitens Ihrer Majestät der Königin von
Schweden geäußerten Gedanken Rechnung tragend — begründete, zuerst mit
der Taubstummenanstalt zu Skara verbunden gewesene Schule sollte ur=
sprünglich nur blinde Taubstumme aufnehmen; später ist auch die andere
Kategorie hilfsbedürftiger Kinder zugelassen worden. Die Anzahl der
Schüler war ursprünglich nur vier, für das Schuljahr 1900/01 betrug sie
vierzehn Kinder, von denen vier blind und taubstumm sind, eines, das bei
der Aufnahme nahezu taub und blind war, nunmehr aber sowohl leidlich
hören wie auch sehen kann, eines, das blind und taub ist und nur sehr
wenig zu sprechen vermag, acht blind und schwachsinnig, zum Teil stumm
sind oder doch gewesen sind. Die Schule erhielt bei ihrem Inslebentreten
eine staatliche Beihilfe von 2000 Kronen, seit 1890 eine jährliche Staats=
unterstützung von 5000 Kronen, 1891 wurde die Anstalt nach Wenersborg
verlegt, woselbst sie bis jetzt in einem bescheidenen Häuschen untergebracht
ist, demnächst in ein eigenes, den jetzigen Ansprüchen Rechnung tragendes
Gebäude übersiedeln wird. Der Name der Schule wird alsdann zu Ehren
der hohen Förderin „Königin Sophien=Stift" lauten. Der Unterricht bezweckt,
den blinden Taubstummen, von denen bisher insgesamt sechzehn die Schule
besucht haben, die gleichen Kenntnisse und Fähigkeiten zu vermitteln, wie
sie den sehenden Taubstummen in den gewöhnlichen Taubstummenanstalten
geboten werden. Die Zöglinge werden zunächst mit leichten Handarbeiten
nach Fröbels Methode befaßt. Sobald auf diese Weise das Nachdenken
geweckt ist, wird zum eigentlichen Unterricht übergegangen. Als Unterrichts=
mittel werden das Handalphabet, erhöhte Blindenschrift, sowie das Schreiben
mit dem Schreibapparat angewendet. Gleichzeitig mit dem intellektuellen
Unterricht und abwechselnd mit demselben finden Turnen und Handarbeiten

---

[1] Es soll ungefähr 50 taubstumm=blinde Kinder in der Welt geben, von denen
man weiß, daß sie Unterricht erhalten haben.

ihre Pflege. Letztere umfassen außer den Fröbelschen Arbeiten folgende Einzelheiten: Stricken, Weben, Nähen, Korbmacherei, Bürstenbinderei, Rohrflechten. Mehrere Eleven haben in diesen Fächern eine ungewöhnliche Fertigkeit erlangt. Die jährliche Unterrichtszeit erstreckt sich auf 36 Wochen, aber da die Zöglinge das ganze Jahr hindurch in der Anstalt verbleiben, werden sie auch im Sommer mit einigen Handarbeiten beschäftigt. Die Dauer der Ausbildung kann auf den Zeitraum von zwölf Jahren ausgedehnt werden, je nach dem Auffassungsvermögen der Schüler. Der jährliche Kostenaufwand für das einzelne Kind beträgt 400 Kronen, von welchem die beteiligte Provinzialregierung einen Zuschuß von 200 bis 250 Kronen beizusteuern pflegt. Das Weben in verschiedenen Abstufungen wird von den meisten Schülern betrieben. Ein im Jahre 1879 geborener Taubstumm=Blinder, der 1887 als völlig der drei Sinne entbehrend aufgenommen wurde, in der Schule bis 1899 verblieb, war auf mehreren Gebieten des Handarbeitsunterrichts äußerst geschickt und zeichnete sich auch sonst durch bemerkenswerte Intelligenz aus. So hat er verschiedene schwierige Arbeiten im Kunstweben ausgeführt und vollkommen wußte er Farben zu unterscheiden und das Muster festzuhalten. Er ist bei seiner Entlassung so weit gebracht gewesen, daß er besonders durch Weben erheblich zu den Kosten seines Unterhalts beizutragen vermag. Außer den genannten sechzehn blinden Taubstummen hat das Schulheim im Laufe der Jahre zwölf blinde Schwachsinnige aufgenommen gehabt. Um einen Staatszuschuß für die Erziehung derartiger Kinder bewilligt zu erhalten, ist eine besondere Vorlage dem schwedischen Reichstage unterbreitet worden. Auch die blinden Schwachsinnigen werden zum Teil am Bandwebstuhl beschäftigt. Von den Arbeiten sowohl dieser wie auch der taubstumm=blinden Zöglinge liegt uns eine Mustersammlung vor, in der die Leistungen des erwähnten Knaben als völlig tadellos bezeichnet werden müssen. Jedenfalls steht fest, daß das Weben selbst von den Eleven des Schulheims in Wenersborg eine mit besonderer Vorliebe gepflegte und dort eine pädagogisch wie auch sonst empfehlenswerte Beschäftigung darstellt.

Die in Wenersborg bestehende große staatliche Taubstummenanstalt (Direktor Fredrik Nordin), die in Bezug auf bauliche Einrichtungen und Ausstattung der Unterrichtsräume mustergültig ist, pflegt wohl in ausgedehntem Umfange die manuelle Ausbildung der Zöglinge (für Knaben Holzarbeiten, Schneidern, Schuhmacherei, Gartenarbeit; für Mädchen Nähen, Stricken und auch Weben); aber speziell die Weberei ist im vorigen Frühling vorübergehend eingestellt worden, weil damals eine ansteckende Krankheit in der Anstalt geherrscht hat. Die hergestellten Webarbeiten sind durchgängig auf den praktischen Gebrauch in der Anstalt zugeschnitten; zumeist bilden sie einfache Kleider=, Handtuchsstoffe u. s. w.

In der Nähe von Stockholm schon war von uns die älteste (1804 errichtete, 1812 aus der Hauptstadt selbst verlegte) Taubstummenanstalt „Manilla" (Direktor Dr. Kyhlberg) aufgesucht worden. Auch in dieser größten im Jahre 1900 von 83 Knaben und 57 Mädchen besuchten Anstalt ist ein auf hoher Stufe stehender Handarbeitsunterricht zu sehen, allein hier fehlt auffälligerweise das Weben vollständig und es scheint mit diesem Unterrichtszweige auch niemals dort ein Versuch gemacht zu sein, obwohl die Bedingungen dafür durchaus gegeben sind.

Anders in der kleinen privaten Taubstummenschule, der „stillen Schule", Leiterin Fräulein Anna Ahlberg, in Stockholm. Mit derselben, die im Schuljahr 1890/91 18 Schüler — 5 Knaben und 13 Mädchen — zählte, ist ein sogen. Fortsetzungskursus für Schülerinnen verbunden. Zu demselben werden nach vollendeter theoretischer Ausbildung teils von der stillen Schule selbst, teils aus anderen Taubstummenanstalten Mädchen zugelassen, die in allen häuslichen Verrichtungen, wie Reinigen, Waschen, Plätten, Kochen, Backen u. s. w. ausgebildet werden. Die Schülerinnen nehmen gleichzeitig an dem Handarbeitsunterricht der übrigen Zöglinge während der Nachmittagsstunden teil. Außerdem erhalten sie Unterricht im Weben. Die Teilnahme des auf zwei Jahre berechneten Kursus ist unentgeltlich. —

Alles in allem genommen, haben bei unseren Wahrnehmungen die schwedischen Taubstummenanstalten eine weit geringere Ausbeute in Bezug auf den Stand der Weberei als Unterrichtsobjekt geliefert, wie die gleichartigen Anstalten in Finland, und ebenso stehen sie in diesem Punkte gegenüber den Anstalten für Schwachsinnige, d. h. für sogen. bildungsfähige Idioten in Schweden selbst zurück[1]. Die Gründe brauchen hier nicht berührt zu werden; es genügt, die Tatsache festzustellen.

Es erübrigt endlich noch, einer Anstalt zu gedenken, die ebenfalls mit großem Erfolg von der Verwendung des Webens Gebrauch gemacht hat, die wir aber nicht an Ort und Stelle kennen lernen konnten, weil der Vorsteher mit dem größeren Teile der Insassen eine gemeinsame Reise nach Norwegen angetreten hatte: die im ganzen Norden rühmlichst bekannte Nervenheilanstalt des Herrn Dr. med. Westerlund zu Enköping in Schweden. Folgende schriftliche Mitteilungen des letzteren über die Art und Weise, wie nervenschwache Personen dort im Weben beschäftigt werden, sind eingegangen: „Meine Erfahrungen auf dem bezeichneten Gebiete sind fünfzehn Jahre alt. Anfangs ließ ich nur weibliche Personen weben, aber in den letzten 6 bis 7 Jahren gestatte ich ebenso gerne den männlichen Kranken diese Beschäftigung und zwar geschieht dies zu deren großer Befriedigung. Mein Hauptbestreben bei der Behandlung von den an Neurasthenie, Hysterie und anderen nervösen Krankheiten Leidenden geht dahin, diesen eine andere Gedankenrichtung beizubringen, ihr Denken von der eigenen Person abzulenken und den Tag so eingeteilt zu erhalten, daß sie verschiedene Arten sowohl geistiger wie auch physischer Arbeiten zu verrichten haben. Hierbei bin ich namentlich bemüht, solche Verrichtungen ausfindig zu machen, die Aufmerksamkeit verlangen und das Interesse anregen und deren Ausführung dem Auge etwas bietet, wie auch einen Nutzen erkennen läßt. Das wird beim Weben erreicht. Begonnen wird mit je einer halben Stunde zweimal täglich; nach und nach gehen wir auf je anderthalb Stunden am Vor-

---

[1] Der dänische Pastor Dalhoff bemerkt in seiner Schrift: „Gak hen og gör Du ligesaa" („Geh' hin und tue desgleichen"): „In der Ausbildung in Slöjd und Handarbeit sind die schwedischen Idiotenanstalten die Lehrmeister nicht nur des Nordens, sondern der ganzen Welt gewesen." Es wäre wohl richtiger zu sagen: sie könnten die Lehrmeister sein!

und Nachmittage über. Es werden Gegenstände der Kunstweberei bevorzugt. Durch dieselben wird unausgesetzt die Aufmerksamkeit angeregt. Nicht selten ist es geschehen, daß die Pfleglinge nach beendigter Kur einen Webstuhl mit nach Hause nahmen, um die ihnen liebgewordene und gesundheitlich so zuträgliche Beschäftigung fortzusetzen." —

Das Ergebnis der Beobachtungen auf finnischem und schwedischem Gebiete läßt sich wie folgt zusammenfassen:

1. **Ein möglichst ausgedehnter Handarbeitsunterricht** hat sich, vom erziehlichen Standpunkte aus betrachtet, wie im Hinblick auf die Förderung wirtschaftlicher Selbständigkeit der Zöglinge, in Anstalten für Taubstumme, Blinde, Schwachsinnige, Krüppel u. s. w. durchaus bewährt. Auch das ökonomische Interesse der betreffenden Anstalten ist an der Durchführung eines solchen Unterrichts nicht unwesentlich beteiligt.

2. Innerhalb des Handarbeits- oder Handfertigkeitsunterrichts werden für Taubstumme und die nicht völlig bildungsunfähigen Idioten, ferner für viele körperlich verkrüppelte Personen die Weberei und die verwandte Klöppelei besonders gepflegt. Für Blinde haben sich die gleichen Unterrichtsgegenstände mindestens als zweckmäßige Mittel der Beschäftigung gezeigt. Die manuelle Tätigkeit der Zöglinge hat die geistige Ausbildung nicht nur nicht geschädigt, sondern im Gegenteil günstig beeinflußt.

3. **Gesundheitliche Nachteile** sind durch Anwendung der betreffenden Lehrfächer, wenn diese in verständigen Grenzen gehalten und die Webstühle und sonstigen Arbeitsgerätschaften den körperlichen Kräften der Pfleglinge tunlichst angepaßt werden, **in keiner Weise zu Tage getreten**. Notwendig aber ist es gewesen, zu Herzkrankheiten neigende Zöglinge auszuschließen.

4. Die herzustellenden Arbeiten dienen der Regel nach **dem praktischen Gebrauch** und finden somit als Kleiderstoffe, Wäschezeuge u. s. w. innerhalb der Anstalten Verwertung. Zöglinge, die eine Beanlagung für höherstehende Leistungen betätigen, werden entsprechend weiter gefördert.

5. Die **finanziellen Aufwendungen** für die Ausbildung im Weben und Klöppeln innerhalb der bezeichneten Anstalten (für Lehrkräfte, Material u. s. w.) sind nicht erheblich und jedenfalls unbedeutend gegenüber dem Nutzen, der nach und nach für die einzelnen Schüler, wie auch für die Anstalten selbst erwächst.

6. Die Entwicklung des Unterrichts ist eine allmählich fortschreitende. Man beginnt meist zunächst mit einer **begrenzten Schülerzahl**. Insbesondere wird bei den schwachsinnigen Zöglingen eine **Auswahl** unter den nicht völlig bildungsunfähigen Elementen getroffen.

7. Ein wesentliches Verdienst an der Erreichung der vorgeführten Resultate liegt in der Mitwirkung tüchtig vorgebildeter Frauen bei der Erziehung nicht vollsinniger Kinder. Auch die Einrichtung kleinerer Anstalten, die mehr der Individualität der einzelnen Zöglinge gerecht werden können, hat offenbar ihre Vorteile.

8. Für die Behandlung **nervenkranker Personen** erscheint die Beschäftigung des Webens — und ein Gleiches wird sicherlich von der Klöppelei und ähnlichen Handarbeitszweigen gelten — als ein beachtenswertes Heilmittel.

## Taubstummen-Anstalt in Kuopio (Finland).
### Stundenplan für Handarbeit 1900—1901.

I.

| Stunde | Montag | Dienstag | Mittwoch | Donnerstag | Freitag | Sonnabend |
|---|---|---|---|---|---|---|
| 8—9 | Intellektueller Unterricht | | | | | |
| 9—10 | | | | | | |
| 10—11 | | | | | | |
| 11—12 | | | I. Kl. Handarbeit Knaben und Mädchen | I.|II.|III. } Kl. Handarbeit Mädchen | | I. Kl. Handarbeit Knaben und Mädchen |
| 12—1 | | | | | | |
| 1—2 | | | | | | |
| 2—3 | | | | | | |
| 3—4 | VIII. Kl. Handarbeit Mädchen | | I.|II. } Kl. Handarbeit Knaben und Mädchen | I.|II. } Kl. Handarbeit Mädchen | | I.|II. } Kl. Handarbeit Knaben |
| 4—5 | | III.|IV.|V. } Kl. Handarbeit Knaben und Mädchen | IV.|V. } Kl. Handarbeit Knaben und Mädchen | | I.|II. } Kl. Handarbeit Knaben u. Mädchen | III.|IV.|V. } Kl. Handarbeit Knaben und Mädchen |
| 5—6 | VI.|VII.|VIII. } Kl. Handarbeit Knaben und Mädchen | | | VI.|VII.|VIII. } Kl. Handarbeit Knaben und Mädchen | VI.|VII.|VIII. } Kl. Handarbeit Knaben und Mädchen | |
| 6—7 | | | | | | |

I. Klasse . . . . . 6 Stdn.   V. Klasse . . . . . 7 Stdn.
II.   "   Mädchen . . 5   "      VI.   "      "    . . 7   "
III.   "   Knaben  . . 6   "      VII.   "     "    . . 7   "
IV.   "          . . 5   "      VIII.   "   Knaben . 7   "
                                  "     Mädchen . 8   "

wöchentlich

## II.
### Taubstummenanstalt in St. Michel (Finland).

a) **Wocheneinteilung für den Unterricht.**

| Klassen | Geistiger Unterricht | Schreiben | Zeichnen | Turnen für Knaben | Turnen für Mädchen | Handarbeit für Mädchen | Handfertigkeit für Knaben |
|---|---|---|---|---|---|---|---|
| I   | 24 | 2 |   | ⎱3  ⎰4⎱ | 3 | ⎰8⎱8 | ⎰8⎱8 |
| II  | 24 | 2 |   |   |   |   |   |
| III | 25 | 2 |   | ⎰3 | ⎰3 | ⎰8 | ⎰8 |
| IV  | 26 |   | 2 | ⎱3 | ⎱3 | ⎱8 | ⎱8 |
| V   | 26 |   | 2 | ⎧3 | ⎧3 | ⎧6 | ⎧6 |
| VI  | 28 |   | 2 | ⎨3 | ⎨3 | ⎨6 | ⎨6 |
| VII | 28 |   | 2 | ⎩3 | ⎩3 | ⎩6 | ⎩6 |

Im Turnen bilden die Schüler 5 verschiedene Abteilungen:
1. Abteilung   I. Klasse Knaben und Mädchen  4 Stunden wöchentlich
2.     „         II., III. u. IV.     „        „         . . . . . 3   „       „
3.     „         V., VI. u. VII.     „        „         . . . . . 3   „       „
4.     „         II., III. u. IV.     Mädchen  . . . . . 3   „       „
5.     „         V., VI. u. VII.     „        . . . . . 3   „       „

Turnen 16 Stunden wöchentlich.

In der Handfertigkeit bilden die Schüler 3 getrennte Abteilungen:
1. Abteilung   I. u. II. Klasse Knaben . . . . . . 8 Stunden wöchentlich
2.     „         III. u. IV.     „        „     . . . . . . 8   „       „
3.     „         V., VI. u. VII.     „        „     . . . . . 6   „       „

Handfertigkeit 22 Stunden wöchentlich.

In der Handarbeit bilden die Schüler 3 getrennte Abteilungen:
1. Abteilung   I. u. II. Klasse Mädchen . . . . 8 Stunden wöchentlich
2.     „         III. u. IV.     „        „     . . . . . 8   „       „
3.     „         V., VI. u. VII.     „        „     . . . . . 6   „       „

Handarbeit 22 Stunden wöchentlich.

---

b) **Lehrgang für die Handfertigkeitskurse.**

**I. Klasse.** Angefertigte Arbeiten: 1. Blumenstock, 2. Messerschaft, 3. Lineal, 4. Federhalter, 5. Papiermesser, 6. einfacher Zeughalter, 7. Blumenbrett, 8. Schlüsselbrett, 9. ein runder Blumenstock.

**II. Klasse.** 1. Ein Schneidebrett, 2. Tischbrett, 3. Metermaß, 4. Lineal, 5. Winkel, 6. Salzfaß, 7. Streichholzbehälter, 8. Handtuchhalter. 9. Brett für Blumentöpfe, 10. Spülkumme, 11. Blumenständer, 12. Löffelbehälter, 13. Federständer, 14. Lampenschirm.

**III. Klasse.** 1. Sägeschaft, 2. Topf, 3. Axtschaft, 4. Bücherbehälter, 5. Butterpresse mit Figuren, 6. Holzlöffel, 7. Auffüllöffel, 8. Milchlöffel, 9. Bücherbrett,

10. Zahnbürstenbehälter, 11. Untersatz, 12. Brotsäge, 13. Papiermesser, 14. Fisch=
löffel, 15. Eierlöffel.
IV. **Klasse.** 1. Übungen im Drechseln, 2. Kartoffelschüssel, 4. Milchbütte, 4. Säge=
knopf, 5. Zuckerhammer, 6. Gabel, 7. Stopfholz, 8. Messerkasten, 9. Schrauben=
behälter, 10. Kochmaß, 11. Pfeffermühle.
V. **Klasse.** Übungen im Polieren und Bohnen: 1. Schrank, 2. Tablett, 3. Zeichen=
brett, 4. Zeichenlineal, 5. Triangel, 6. Zeughänger, 7. Langhobel, 8. Butterpresse,
9. Löffel, 10. Garnwinde, 11. verschiedene Hobel.
VI. **Klasse.** 1. Spiegelständer, 2. Spiegelsopha, 3. Spiegeltisch, 4. Blumentisch,
5. Butterdose, 6. polierter Tisch mit Schubfächern, 7. Konsolständer.
VII. **Klasse.** 1. Ein gedrechselter Blumentisch, 2. Ofenschirm, 3. Serviertisch,
4. Schrank für ein Eßzimmer, 5. Schaukelstuhl.

### c) Lehrgang für die Handarbeitskurse.

I. **Klasse.** Strickunterricht mit 2 und 5 Nadeln, sowie Übung im Nähen in ver=
schiedenen Stichen.
Angefertigte Arbeiten: 1. Tafellappen, 2. Paar Handschuhe, 3. Paar
Socken, 4. Arbeitstasche, 5. gesäumte Taschentücher, 6. Hemd.
II. **Klasse.** Unterricht im Zuschneiden, im Namennähen mit Kreuzstich, sowie Unter=
richt im Strumpfstopfen.
Angefertigte Arbeiten: 1 Paar wollene Strümpfe, 2. Hemd, 3. Frauen=
Beinkleid, 4. Namentuch, 5. Ausbessern von schadhaften Kleidungsstücken.
III. **Klasse.** Unterricht im Maschinennähen, Zuschneiden von Wäsche, Flicken und
Spitzenhäkeln.
Angefertigte Arbeiten: 1. Paar baumwollene Strümpfe, 2. gestrickte
Kinderjacke, 3. Kopfkissen, 4. Knabenjacke, 5. Paar Herrenbeinkleider, 6. Namen=
tuch mit Stielstich, 7. Spitzenhäkeln, 8. Ausbessern von Turnanzügen.
IV. **Klasse.** Dieselben Arbeiten wie in Klasse III.
Angefertigte Arbeiten: 1. Hemd, 2. Herrenhemd, 3. Nachthemd, 4. Kleid,
5. Flicktuch.
V. **Klasse.** Dieselben Arbeiten wie in Klasse IV, sowie Unterricht im Aufsetzen einer
Webe.
Fertige Arbeiten: 1. Eine Untertaille, 2. eine Damenbluse.
Webereien: 1. Staubtücher, 2. Kleiderzeug, 3. Schürzenzeug.
VI. **Klasse.** Gleicher Unterricht, wie in Klasse V.
Fertige Arbeiten: Ein Kleid.
Webereien 1. baumwollenes Kleiderzeug, 2. Cheviotstoff, 3. Doppeldecken,
4. Doppeltischtücher.
VII. **Klasse.** Gleich Klasse VI.
Fertige Arbeiten: 1. Herrenhemd, 2. Nachthemd, 3. Kleid.
Webereien: Gardinen mit Borden, Cheviot, Tischtücher, Drellhandtücher.

## III.

### Taubstummenanstalt in Åbo (Finland).

#### Plan des Handarbeitsunterrichts.

I. **Klasse.** (6 Stunden wöchentlich): Buschenlappen, gestricktes Staubtuch, gesäumtes
Taschentuch, Handschuhe und Schürze.
II. **Klasse.** (6 Stunden wöchentlich): Halbstrümpfe, Kissen, Kinderhosen, Kinder=
strümpfe, Namennähen mit Kreuzstich.
III. **Klasse.** (6 Stunden wöchentlich): Damenstrümpfe, Hemd Nr. I, Knabenhemd
Nr. I, gestrickte wollene Taille.

**IV. Klasse.** (8 Stunden wöchentlich): Hemd Nr. II, gehäkelter Unterrock, gestrickte Kinderjacke, Fingerhandschuhe und Stopfen.
**V. Klasse.** (8 Stunden wöchentlich) Maschinennähen: Schürze, Bluse, Hosen Nr. II, Sporthemd, Kinderkleid, Hemd Nr. III und zwei Dutzend Zwirnknöpfe.
**VI. Klasse.** (6 Stunden wöchentlich): Morgenjacke, Taghemd, Untertaille für Damen, Nachtjacke, Kragen und Manschetten, ein Knabenkostüm.
**VII. Klasse.** (6 Stunden wöchentlich): Kleid, Nachthemd, Stepparbeiten.
**VIII. Klasse.** (6 Stunden wöchentlich) Webereien: Zwei- und vierschaftiges Zeug, baumwollene Stoffe, Halbwolle und Wolle, Deckzeug, Schürzenstoff, Drell.

---

## IV.
## Malmöhus Läns Idiotenanstalt in Lund (Schweden).

### Bemerkungen über Schüler und andere Pfleglinge, die in der Anstalt mit Handarbeit beschäftigt sind.

1. **Herman Hansson,** 21 Jahre, kam 1890 hierher, wurde 1899 konfirmiert, hat seitdem nur gearbeitet und sich teils im Garten, teils auch mit Weberei und Korbmacherei beschäftigt. Nach seinem Eintritt lernte er erst klöppeln, er konnte die schwierigsten Muster allein aufsetzen und ausführen. Danach erlernte er Korbmacherei. 1896 begann er zu weben und kann vollständig allein aufsetzen und schlicht weben, einfachen Damast, dukagång, upphämta, munkabält, tränsafloss und flossa.

2. **Hilda Christiansen,** 30 Jahre, kam 1885 hierher, hat nach ihrer Konfirmation in der Küche geholfen und gewebt, kann nicht allein eine Webe aufsetzen, aber allein unter Aufsicht weben, webt schlicht und schaftig, vosengång, munkabält, dukagång, upphämta, flossa und tränsaflossa.

3. **Helena Sandell,** 18 Jahre, kam 1894 hierher, hat klöppeln und weben gelernt, einfache Weberei, munkabält, flossa und dukagång. Sie erlernte das Weben langsam, aber es geht nun sicher und ordentlich.

4. **Lorens Larsson,** 16 Jahre, kam 1895 hierher. Fortschritte in der Schule mittelmäßig. Gute Fortschritte in Handfertigkeit und Handarbeit; hat Klöppeln, Holzarbeit, Korbmacherei und Weberei geübt. Er hat das Weben leicht erlernt und arbeitet schnell, kann schlichte Weberei und munkabält.

5. **Hilden Ohlson,** 14 Jahre, kam im Mai 1898 hierher, kann nicht sprechen und nicht viel am Schulunterricht teilnehmen, aber ist für Handarbeit beanlagt, kann Strümpfe stricken, nach Muster nähen, einfach und munkabält weben, am liebsten ist ihr die Weberei.

6. **Mathilde Andersson,** 16 Jahre, kam Januar 1900 hierher, hat Stricken, Weißnähen und einfache grobe Weberei erlernt.

7. **Axel Ludwig Lindberg,** kam 1892 hierher, war damals 10 Jahre alt und verließ im vorigen Jahre die Anstalt. Verkrüppelt an Händen und Füßen, konnte er weder gehen, noch sich in irgend welcher Hinsicht allein behelfen. Er entwickelte sich ziemlich, lernte gehen, lesen und schreiben; aber war nicht so verständig, um konfirmiert zu werden. Er war für das Praktische beanlagt, er lernte Bandweben und war tüchtig in Holzarbeiten, verstand allein einen Teil Arbeiten, wie z. B. Vogelbauer, Puppenmöbel u. s. w. anzufertigen. Schnell erlernte er die Klöppelei, konnte selber neue Muster aufnehmen und ziemlich schnell arbeiten. Er beschäftigt sich zu Hause mit Klöppeln und verdient damit ein wenig.

8. **Nils Jex,** 17 Jahre, kam 1896 hierher. Etwas verkrüppelt, nicht praktisch veranlagt. Er versuchte Holzarbeit und Korbmacherei, aber ohne Erfolg. Dagegen klöppelt er recht gut und kann verhältnismäßig leicht neue Muster begreifen.

9. **August Karlsson**, 16 Jahre alt, kam 1896 hierher. Im allgemeinen mittelmäßige Fortschritte, hat sich in Holzarbeiten und Klöppeln geübt. Er begreift schwer neue Muster.
10. **Johannes Jönsson**, 14 Jahre, kam 1899 hierher. Er ist sehr für Arbeit beanlagt, geübt in gewöhnlicher Holzarbeit, im Schnitzen und Klöppeln; arbeitet langsam, aber sehr ordentlich.
11. **Karl Persson**, 13 Jahr, kam 1899 hierher, ist nicht grade für Handarbeit veranlagt. Bindet Scheuerbürsten und klöppelt.
12. **Axel Lundberg**, 13 Jahre, kam Oktober 1899 hierher, hat schnelle Fortschritte in allen Fächern gemacht, ist in Holzarbeit und Klöppeln geübt. Lernte das Klöppeln sehr schnell, kann fast alleine neue Muster erlernen.
13. **Amalia Svensson**, 12 Jahre alt, kam im September 1900 hierher. Interessiert sich fürs Lesen, aber hat keine Lust und keine Begabung zur Handarbeit. Es geht doch mit dem Klöppeln besser wie mit andern Arbeiten, die sie versucht hat, braucht beinahe 12 Wochen mit 10 Stunden Unterricht wöchentlich, um eine einfache Spitze zu erlernen.
14. **Axel Lundh**, 14 Jahre, kam 1895 hierher. Einer unsrer besten Schüler. Da er zart und kränklich, hat er sich meist mit Klöppeln und Sticken beschäftigt, beides führt er gut und schnell aus. In letzter Zeit hat er sich am Unterricht in den Holzarbeiten beteiligt und sich auch im Schnitzen geübt.

## II.

## Eine Umschau auf deutsche Pflegeanstalten.

Bei Erteilung des im Eingange meines Berichts erwähnten Auftrags, über den Stand gewisser Zweige der Handarbeit in den finnischen und schwedischen Pflegeanstalten für nicht vollsinnige Personen Mitteilungen einzuziehen, ist von der Annahme ausgegangen worden, daß das Ergebnis dieser Ermittelungen dazu würde dienen können, für die gleichartigen Anstalten der Provinz Schleswig-Holstein nutzbar gemacht zu werden. Eine solche Verwertung wird nun voraussichtlich geschehen. Bereits hat der Provinzialausschuß eine Summe bewilligt, um die Ausbildung von Lehrerinnen zu ermöglichen, die demnächst in der Provinzial-Idioten-Anstalt und in der Provinzial-Taubstummen-Anstalt einen erweiterten Handarbeitsunterricht einzuführen haben werden. Ein schrittweises Vorgehen wird innezuhalten sein. Der Anfang dürfte in der Idiotenanstalt erfolgen. Rechtfertigen sich hier die Erwartungen, die man hegen zu können glaubt, so wird eine Ergänzung des jetzigen Lehrplans für den Handarbeitsunterricht in der Taubstummenanstalt in Aussicht genommen werden. Auch eine weitere Ausgestaltung des gleichen Unterrichts in der Provinzial-Blinden-Anstalt bleibt vorbehalten, und schließlich werden Anregungen für die Beschäftigung eines Teils der Pfleglinge in der Provinzial-Irrenanstalt in Schleswig und der Provinzial-Pflegeanstalt zu Neustadt entlehnt werden können. Die seit kurzem in einer neuen, bedeutend vergrößerten Heimstätte untergebrachte, von Herrn Pastor Dr. Schäfer in Altona begründete Fürsorgeanstalt für verkrüppelte Kinder (Alten-Eichen bei Altona) hat bereits mit einem Handarbeitsunterricht begonnen, der auch die hier vorgetragenen Tatsachen berücksichtigt. Es ist nun aber von manchen Seiten die Frage aufgeworfen worden, ob die Erfahrungen der nordischen Anstalten nicht zugleich einem weiteren Kreise gleicher Anstalten in Deutschland dienlich zu machen sind. Diese Erwägung hat den Anstoß gegeben, die Angelegenheit auf der Jahresversammlung des Deutschen Vereins für Armenpflege und Wohltätigkeit zur Erörterung zu bringen. Zunächst gilt es nun zu prüfen, ob und in welcher Weise in den deutschen Anstalten ein Bedürfnis obwaltet, die Fürsorge für die geistig und körperlich zurückgebliebenen Glieder unseres Volkes, namentlich soweit es sich dabei um das jugendliche Geschlecht handelt, im Hinblick auf die Ausbildung einer manuellen Geschicklichkeit zu erweitern.

In umfassendem Maße hat sich das Gemeinwesen, nicht nur auf Grund gesetzlicher Bestimmungen, sondern auch dank einer weit entwickelten privaten Tätigkeit, in vielen Teilen unseres Vaterlandes und zwar seit langer Zeit der nicht vollsinnigen Individuen, das heißt der Blinden, Taubstummen und der Schwachsinnigen, angenommen. Hoch entwickelt ist die Fürsorge für Geisteskranke, ebenso für Epileptiker. Der Anfang wenigstens ist nunmehr auch getan bei der Liebestätigkeit für die körperlich verkrüppelten Personen. Was den intellektuellen Unterricht für Blinde und Taubstumme anlangt, so sind die großen Verdienste der deutschen Anstalten nach dieser Richtung allseitig anerkannt, und Deutschland hat hier immerdar eine führende Stellung eingenommen. Ein anderes aber ist die Pflege der Ausbildung auf praktischem Gebiete, nach der Seite der Entwicklung des Geschicks der Hand, der Tüchtigkeit in demjenigen, was man Handarbeit nennt. Auf diesen Teil des betreffenden Unterrichtswesens allein beziehen sich unsere Feststellungen. Es wäre eine dankenswerte Aufgabe gewesen, für die gesamten Fürsorgeanstalten der bezeichneten Art in Deutschland in einer erschöpfenden Darstellung den Stand des Handarbeitsunterrichts und der gewerblichen Beschäftigung der Pfleglinge vorzuführen. Das Material für eine so umfassende Arbeit kann von uns nicht geliefert werden. Immerhin vermögen wir wertvolle Bruchstücke zu bieten. Zunächst liegt für nahezu sämtliche den preußischen Provinzialverwaltungen unterstehende Anstalten dank der hoch anzuerkennenden Mitwirkung der Herren Chefs der Provinzialverwaltungen das Ergebnis einer Rundfrage vor, das wir in einer tabellarischen Form unterbreiten, um in Anschluß daran für eine Reihe der Anstalten noch einige ergänzende und erläuternde Bemerkungen folgen zu lassen. Außer den provinziellen Instituten gibt es noch vielerwärts andere, teils in Händen des Staates liegende, teils von gemeinnützigen Vereinen und Korporationen, teils von Privaten eingerichtete und geleitete Anstalten. Auch für einen Teil dieser Anstalten stehen uns Angaben zur Verfügung. Dürftiger sind die Mitteilungen aus anderen Bundesstaaten. Immerhin wird sich an der Hand unserer Ermittelungen ein wertvoller Überblick auf dem Gebiete des Handarbeitsunterrichts und des Handarbeitsbetriebes in den deutschen Pflegeanstalten gewinnen lassen.

Wir geben somit in erster Reihe die Zusammenstellung für die den **preußischen Provinzialverwaltungen** unterstehenden Anstalten, als welche die in der folgenden Liste aufgeführten, mit Ausnahme der unter den laufenden Nummern 26, 27, 28, 46, 47, 85 und 109 genannten zu bezeichnen sind:

Eine Umschau auf deutsche Pflegeanstalten.

| Laufende Nr. | Name der Anstalt | Zahl der Zöglinge m. | Zahl der Zöglinge w. | Wie viele nehmen an dem Handarbeitsunterricht teil? m. | Wie viele nehmen an dem Handarbeitsunterricht teil? w. | Welche Handarbeitszweige werden betrieben? | In welchem Alter beginnt der Handarbeitsunterricht? m. | In welchem Alter beginnt der Handarbeitsunterricht? w. | Wie viele Stunden auf jeden Zweig? m. | Wie viele Stunden auf jeden Zweig? w. | Werden dort schon betrieben Weberei? | Werden dort schon betrieben Alpppe=rei? | Bemerkungen |
|---|---|---|---|---|---|---|---|---|---|---|---|---|---|
| | | | | | | **I. Ostpreußen.** | | | | | | | |
| 1 | Pr.-Frrn=, Heil= und Pflegeanstalt, Allenberg. | 436 | 468 | 7 | 77 | m.: Netzstricken, Stuhlflechten; w.: Nähen, Stricken, Stopfen, Häkeln, Sticken. | — | — | 7 | 7 | ja | nein | Gegenwärtig werden 4 wbl. Kranke m. Web. beschäft. Verwertg. f. b. Anst.; nur z. geringen Teil a. Fremde. |
| 2 | Pr.-Frrenanst., Kortau. | 468 | 580 | 27 | 97 | m.: in allen Handwerken; w.: Nähen, Stricken, Stopfen, Häkeln, Weben. | — | — | 9 | 9 | ja | nein | Verwertg. f. d. Anstalt. Weberei seit 1886 betrieben. |
| 3 | Provinz.=Taubstummen=anstalt, Rössel. | 40 | 27 | 29 | 27 | m.: Papp= u. Schnitzarbeit; w.: Stricken, Nähen, Wäschezeichnen, Zuschneiden, Häkeln. | 11 | 8 | 4 bzw. 2 | 4 bzw. 2 | nein | " | Verwertg. d. Handarb. innerhalb d. Anstalt. |
| 4 | Prov.=Taubst.=Anstalt, Königsberg i. Pr. | 84 | 60 | 56 | 56 | m.: Papp=, Hobel=, Schnitzarbeit; w.: Stricken und Nähen. | 10 | 8 | 2 | 2 | | " | Verwertg. d. Handarb. in der Anstalt. |
| 5 | Prov.=Taubst.=Anstalt, Angerburg. | 80 | 54 | 30 | 53 | m.: Papparbeiten (nach dem Lehrplan d. dtsch. Vereins für Knabenhandarbeit); w.: Nähen, Stopfen, Stricken, Häkeln, Sticken. | 10 | 7 bis 11 | 4 bzw. 2 | 4 bzw. 2 | | " | Desgl. |
| 6 | Landespflege=Anstalt, Tapiau. | 482 | | 19 | 31 | m.: Tütenkleben, Strohflechten; w.: Tütenkleben, Spinnen, Stricken. | — | — | 6 | 6 | | " | Zum Teil desgl., zum Teil durch Verkauf. |

| Laufende Nr. | Name der Anstalt | Zahl der Zöglinge m. | Zahl der Zöglinge w. | Wie vielezehntel an dem Handarbeitsunterricht teil? m. | Wie vielezehntel an dem Handarbeitsunterricht teil? w. | Welche Handarbeitszweige werden betrieben? | In welchem Alter beginnt der Handarbeitsunterricht? m. | In welchem Alter beginnt der Handarbeitsunterricht? w. | Wie viele Stunden auf jeden Zweig? m. | Wie viele Stunden auf jeden Zweig? w. | Werden dort schon betrieben Webe-rei? | Werden dort schon betrieben Altböppe-rei? | Bemerkungen |
|---|---|---|---|---|---|---|---|---|---|---|---|---|---|
| 7 | Heil- u. Pflegeanstalt f. Epileptische, Carlshof. | 25 | 32 | — | 20 bis 25 | m.: die gebräuchlichen Näh- und Strickarbeiten. | — | — | — | 2 bis 4 | nein | | Arbeiten nur f. d. Anst. Haben je 3–4 andere Unterrichtsfächer. |
| 8 | Idiotenanstalt, Rastenburg. | 220 | 203 | 45 | 35 | m. und w.: Schuhmachen, Schneidern, Matten- und Stuhlflechten, Bürstenbinden, Fröbelarbeiten, Nähen, Stricken. | — | — | 4 | 4 | " | | Arbeiten z. T. f. d. Anst. z. T. z. Verkauf. z. Besten d. Angehörig. Tägl. 4 Stb. sonst. Unterricht. |
| 9 | Gräfl. Bülow v. Denne-witzsches Blindenstift. | 45 | 63 | alle | | m.: Seilerei, Bürstenmacherei, Flechterei; w.: Handarbeiten, Stricken, Häkeln, Nähen. | — | — | 9–10 | | " | | Arbeiten meist z. Verk. z. T. f. d. Anstalt. |
| 10 | Ostpr. Blinden-Unterrichtsanstalt, Königsberg i. Pr. | 75 | 44 | — | 106 | m.: desgl. w.: desgl. | — | 9 | wöchentl. 14–24 | | " | | Desgl. — Tägl. 4–5 Stb., sonst. Unterr., einzelne Musik u. Turnen. |
| | | | | | | II. Westpreußen. | | | | | | | |
| 11 | Provinzial-Irrenanstalt, Schwetz. | 235 | 235 | 120 | 83 bezw. 90 | m.: Feld-, Gartenbau, Schneider, Schuster, Tischler, Sattler, Glaser; w.: Nähen, Stricken, Hausarbeit | — | — | 10 | | " | | Arbeiten nur für die Anstalt. |
| 12 | Provinz.-Irren-, Heil- u. Pflegeanstalt, Neustadt, Westpr. | 244 | 250 | 86 | 88 | m.: } wie vor. w.: | — | — | 6–9 | | " | | Desgl. |
| 13 | Pr.-Irrenanstalt, Conradstein. | 391 | 423 | 180 | 173 | m.: desgl. w.: desgl. u. Küche. | — | — | 7 | | " | | Desgl. |

Eine Umschau auf deutsche Pflegeanstalten. 31

| | | | | | | | | | |
|---|---|---|---|---|---|---|---|---|---|
| 14 | Taubst.-Anstalt, Marienburg. | 75 | 35 | — | 35 | w.: weibl. Handarb. (Die Knaben ausw. untergebracht.) | — | 6 | — | nein | nein | Desgl. |
| 15 | Taubstummenanstalt, Schlochau. | 71 | 43 | — | 43 | m.: desgl. | — | 7 | 4 | „ | „ | Desgl. |
| 16 | Wilh. Aug.-Blindenanstalt, Königsthal. | 52 | 57 | 29 | 34 | m.: Korbmacherei, Bürstenmacherei, Arbeitsunterricht. w.: } | 15 | 16 | wöchentl. 14—45 | 4 | „ | „ | Arbeiten teils z. Verkauf, teils f. d. Anst. |

III. Brandenburg.

| 17 | Landes-Irrenanstalt, Eberswalde. | 379 | 401 | 210 bis 230 | 180 bis 200 | m.: Schreiberei, Schuster, Schneider, Sattler, Stellmacher, Tischler, Strohflechter, Maurerei, Feld- und Gartenarbeit; w.: Näherei, Roßhaarzupfen, Federreißen, Wäscherei. | — | — | 5½ bis 8½ | „ | „ | Arbeiten nur f. d. Anst., bis auf einen kleinen Teil, d. verkauft wird. |
| 18 | Landes-Irrenanstalt, Sorau, N.-L. | 320 | 364 | 20 | 60 | m.: Pantoffelmachen, Körbe- und Strohdeckenflechten; w.: Nähen, Stricken, Federreißen. | — | — | 8 | „ | „ | Desgl. |
| 19 | Landes-Irrenanstalt, Landsberg a. W. | 400 | 367 | 200 | 180 | m.: Tischlerei, Schuhm., Sattlerei, Schneiderei; w.: Nähen, Haus- und Feldarbeit. | — | — | 8 und weniger | „ | „ | Arbeiten nur f. d. Anst. |
| 20 | Landes-Irrenanstalt, Neu-Ruppin. | 728 | 586 | ? | ? | m.: wie zu 19, auch Klempnerei, Glaserei, Flechterei und Feldarbeit; w.: wie zu 19. | — | — | 6 und 7 | „ | „ | Desgl. |
| 21 | Idiotenanstalt, Lübben, N.-L. | 42 | 30 | — | — | Keine. — Alle Insassen unheilbar idiotisch. | — | — | — | — | — | — |
| 22 | Prov.-Anstalt f. Epileptische, Potsdam. | 21 | 12 | 4 | 12 | m.: Buchbinderei; w.: Stricken, Häkeln, Nähen, Sticken. | — | — | 2 | nein | nein | Arbeiten nur f. d. Anst. 3 anb. Unterrichtsf. |

32 Eine Umschau auf deutsche Pflegeanstalten.

| Laufende Nr. | Name der Anstalt | Zahl der Zöglinge m. | w. | Wie viele Personen nehmen an dem Handarbeitsunterricht teil? m. | w. | Welche Handarbeitszweige werden betrieben? | In welchem Alter beginnt der Handarb.-Unterricht? m. | w. | Wie viele Stunden auf jeden Zweig? m. | w. | Werden dort schon betrieben Weberei? | Stepprei? | Bemerkungen |
|---|---|---|---|---|---|---|---|---|---|---|---|---|---|
| 23 | Prov.-Anst. f. Zbioten, Potsdam. | 108 | 78 | 43 | 45 | m.: Buchbinderei, Korbfl., Sattl., Tischler, Schuhm., Schneiderei, Schlosserei; w.: Nähen, Stricken, Sticken. | — | — | 4 | 1 | nein | nein | Arbeiten nur f. d. Anst. 4 sonst. Unterrichtsf. |
| 24 | Wilh. Augusta-Stift, Taubst.-Anst., Wriezen. | 65 | 56 | — | 56 | w.: Stricken, Nähen, Stopfen, Maschinennähen, Zuschneiden von Leibwäsche. | 7 | — | — | 4 bez. 2 | " | " | |
| 25 | Taubst.-Anstalt, Guben. | 54 | 37 | — | 37 | m.: wie zu 24. | 7 | — | — | 4 | " | " | Desgl., nur ausnahmsweise zu Geschenken f. Angehörige. |
| | | | | | | Berlin. | | | | | | | |
| 26 | Blindenschule, Berlin. (Beschäftigungsanstalt.) | 43 66 | 17 70 | 43 66 | 17 70 | m.: Korb- u. Stuhlflechten, Bürstenmacherei, Druckerei; w.: zum Teil die gleichen Verrichtungen, überdies weibl. Handarbeiten. | — | — | — | — | " | " | |
| 27 | Königl. Taubstummenanstalt, Berlin. | 43 | 37 | 25 | 32 | m.: Papparbeiten, Holzarbeiten, Kerbschnitzen, Hobelbankarb., Modellieren; w.: weibl. Handarbeiten. | — | — | 4 Stb. wöchentl. | 4 Stb. wöchentl. | " | " | Durch Verkauf. |
| 28 | Königl. preuß. Blindenanstalt, Steglitz. | 84 | 44 | 44 | 22 | m.: Stuhlflechten, Korbmachen, Bürstenbinden, Seilerei, Klavierstimmen; w.: zum Teil das Gleiche, daneben Maschinenstricken, Drucken b. Blindenschrift. | — | — | 1–2 Stb. täglich, n. d. Konf. 10 Stb. täglich. | | " | " | |

Eine Umschau auf deutsche Pflegeanstalten. 33

| | | | | | | | | | |
|---|---|---|---|---|---|---|---|---|---|
| | | | | | **IV. Pommern.** | | | | |
| 29 | Provinzial-Irrenanstalt, Lauenburg i. P. | 312 | 308 | 130 | 70 | Eigentl. Hausarbeiten nicht; soweit geeignet, werden die Kranken in ihrem Handwerk und in der Landwirtschaft beschäftigt. | — | 5½ bis 10 | nein | nein | Arbeiten nur für den Anstaltsbetrieb. |
| 30 | Provinzial-Irrenanstalt, Ueckermünde. | 252 | 251 | 144 | 120 | m.: Buchbinderei, Klempnerei, Schneider, Schusterei, Schmiede, Schlosser, Tapezierrei, Tischlerei, Hausarbeit, Landwirtschaft; w.: Nähen, Waschen, Plätten, Küchen- und Hausarbeit. | — | 8 bis 9 | nein | ja zeitweilig | Teils werden d. Gegenstände verkauft. |
| 31 | Taubstummenanstalt, Stralsund. | 16 | 8 | 8 | 8 | m.: Schnitz- und Papparbeit; w.: Stricken, Häkeln, Sticken, Zeichnen, Nähen. | 11 | 4 | nein | nein | Es wird nur für die Anstalt gearbeitet. |
| 32 | Provinzial-Irrenanstalt, Treptow a. R. | 256 | 241 | 14 bis 18 | 20 bis 25 | m.: Tischl., Schneid., Schusterei, Buchbinderei, Steindruckerei; w.: Nähen, Flicken, Sticken. | — | 8 bis 9 | nein | nein | Arbeiten nur für sich und ihre Eltern. |
| 33 | Provinz.-Taubstummenanstalt, Stettin. | 41 | 41 | — | 41 | m.: Handarbeiten, auch Maschinennähen. | 8 bis 12 | 2, 4, u. 5 | nein | nein | Die v. d. Mädchen gefertigten Arbeiten w. z. Weihnacht. an Angehörige geschenkt. |
| 34 | Provinz.-Taubstummenanstalt, Cöslin. | 49 | 36 | alle, soweit die Kräfte reichen. | 41 | m.: Garten- u. Hausarbeit; w.: Stricken, Nähen, Stopfen. | mit dem Eintritt in die Schule. | 4 | nein | nein | Arbeiten sind z. Verkauf bestimmt. (2 Stb. Musik.) |
| 35 | Prov.-Blindenanstalt, Neutorney bei Stettin. | 35 | 19 | 33 | 16 | m.: Seilerei, Knüpfen, Filtieren, Bürstenmacherei, Korbflechterei, Stroh- und Rohrflechterei; w.: desgl. | 10 | 2 bis 10 | nein | nein | |

Schriften d. D. Ver. f. Wohltätigkeit. LX.    3

34 Eine Umschau auf deutsche Pflegeanstalten.

| Laufende Nr. | Name der Anstalt | Zahl der Zöglinge m. | Zahl der Zöglinge w. | Wie viele Personen nehmen an dem Zeugunterricht teil? m. | Wie viele Personen nehmen an dem Zeugunterricht teil? w. | Welche Handarbeitszweige werden betrieben? | In welchem Alter beginnt der Handarbeitsunterricht? m. | In welchem Alter beginnt der Handarbeitsunterricht? w. | Wie viele Stunden auf jeden Zweig? m. | Wie viele Stunden auf jeden Zweig? w. | Werden dort schon betrieben Weberei? | Werden dort schon betrieben Klöppelei? | Bemerkungen |
|---|---|---|---|---|---|---|---|---|---|---|---|---|---|
| 36 | Kückenmühler Anstalten (Stettin) Epileptische. a) Kückenmühle (Blödsinnige u. Schwachsinnige). b) Labor (Epileptische). | 336 172 | 264 158 | 3 | 54 | m.: Maschinenmähen; w.: desgl., Stilstich, Klöppelarbeit. | — | — | nach Bedarf | 1 bis 2 St. | nein | ja | Arbeiten f. d. Haushalt der Anstalten. Sonstige Lehrstunden 4. |
| 37 | Prov.-Irren- u. Idiotenanstalt. Kosten. a) Erwachsene. b) Schüler. | 308 36 | 280 16 | 129 6 | 110 — | **V. Posen.**<br>m.: Schlosser, Sattler, Schneider, Schuhm., Landwirtsch., Haus- u. Hofarbeit; w.: Nähen, Stricken, Plätten, Landwirtschaft, Koch- u. Waschküche.<br>m.: versuchsweise Gärtnerei; w.: — | — ? | — ? | 8 1 | 8 — | nein " | nein " | Arbeiten nur f. d. Anst.<br><br>4¾ Std. sonst. Unter. |
| 38 | Provinzial-Irrenanstalt Dwinst. | 320 | 379 | 19 u. 85 | 100 u. 85 | m.: Schneid., Schust., Sattl., Schlosser, Schmied, Tischl., Gärtner, Buchbinder, Maler, Korbfl., Landwirtsch.; w.: Nähen, Stricken, Landwirtschaft. | — | — | 10 | 8 | " | " | Arbeiten nur f. d. Anst. |
| 39 | Provinzial-Irrenanstalt, Dziekanka. | 342 | 341 | 40 bis 50 % | — | m. u. w.: Landwirtschaft, Gartenarbeit, versch. Handwerke, Nähen, Stricken, Haus- u. Küchenarbeit. | — | — | 7–8 | — | " | " | Desgl. |
| 40 | Provinz.-Taubstummenanstalt, Posen. | 112 | 62 | 45 | 62 | m.: Hobelbankarbeiten mit Kerbschnitzerei, Papparb., Papierarb., Schneiderei, Hausarb.; w.: weibl. Handarb. | mit dem Eintritt in die Anstalt | — | 4 | 3–4 | " | " | Arbeiten teils f. d. Angestellten, teils f. d. Zöglinge nach deren Entlassung. |

| | | | | | | | | |
|---|---|---|---|---|---|---|---|---|
| 41 | Provinz.-Taubstummenanstalt, Schneidemühl. | 59 | 45 | 25 | 35 | m.: Papparbeit, Hobelbankarbeit, Kerbschnitt; w.: weibl. Handarbeit. | 12 | 8 | wöch. 3—4 | nein | nein | Arbeiten teils f. b. Anstalt, teils z. Besten der Angehörigen. Sonstige Stunden? |
| 42 | Provinz.-Taubstummenanstalt, Bromberg. | 47 | 31 | 24 | 31 | m.: Holz- u. Papparbeiten; w.: weibl. Handarbeit. | 12 | 8 | 2 | „ | „ | Arbeiten nur f. b. Anst. Sonstige Stunden 30 wöchentlich. |
| 43 | Prov.-Blindenanstalt, Bromberg. | 45 | 32 | 39 | 26 | m.: Korbmacherei, Flechterei, Bürstenmacherei; w.: Rohrsitzflechterei und weibl. Handarbeiten. | je nach Entwicklung des Körpers | | 4 | „ | „ | Arbeiten z. Verkauf. |
| | | | | | | **VI. Schlesien.** | | | Erwachsene: 10 Kinder nur außer der Schulzeit | | | |
| 44 | Pr.-Heil-u.Pflegeanstalt, Freiburg i. Schl. | 312—326 darunter schulpflicht. Alters 36 | 26 | 31 | 26 | m. u. w.: Kerbschnitzen, Nähen, Stricken. | ? | ? | ½—2 | „ | „ | Arbeiten nur f. b. Anst. Für die Kinder 1½ bis 3 Stb. sonst. Unterr. |
| 45 | Desgl. zu Kattowitz, O.-Schl. | 75 | 50 | 33 | 32 | m.: Schuster, Schneider, Buchbinder, Korbmacher, Tischler, Bürstenmacher, Kerbschnitt, Laubsägearb.; w.: Nähen, Stricken. | ? | ? | 3 | „ | „ | Arbeiten nur f. b. Anst. 4 Stb. sonst. Unterr. |
| 46 | Vereins-Taubstummenanstalt, Ratibor. | 148 | 129 | 120 | 129 | m.: Schneiderei, Schuhmacherei, Hobel- u. Schnitzarbeit; w.: Stricken, Nähen, Flicken. | — | — | 8 | „ | „ | Zum Besten b. Anstalt. |
| 47 | Taubst.-Anstalt, Breslau. | 108 | 99 | 108 | 99 | m.: Ausbessern der Kleider u. des Schuhwerks, Kerbschnitt, Papparbeit, Holzschnitzen, Modellieren, Flechtarbeiten aus Papier; w.: Weißnähen, Sticken u. Stricken. | — | — | 2 und 4 | „ | „ | Teilweise z. Besten b. Anstalt, teils zum Besten b. Zöglinge. |

| Laufende Nr. | Name der Anstalt | Zahl der Zöglinge m. | Zahl der Zöglinge w. | Wie viele Personen nehmen an dem Handarbeitsunterricht teil? m. | Wie viele Personen nehmen an dem Handarbeitsunterricht teil? w. | Welche Handarbeitszweige werden betrieben? | In welchem Alter beginnt der Handarb.-Unterricht? m. | In welchem Alter beginnt der Handarb.-Unterricht? w. | Wie viele Stunden auf jeden Zweig? m. | Wie viele Stunden auf jeden Zweig? w. | Werden dort schon betrieben Weberei? | Werden dort schon betrieben Klöppelei? | Bemerkungen |
|---|---|---|---|---|---|---|---|---|---|---|---|---|---|
| | | | | | | **VII. Sachsen.** | | | | | | | |
| 48 | Landes-Heil- u. Pflegeanstalt, Alt-Scherbitz. | 509 | 378 | 41 | 131 | m.: Anstreicher, Tischler, Stellmacher, Schneider, Schuhmacher, Sattler, Korbmacher, Schmiede, Schloss., Klempner, Maurer, Flechter, Bäcker; w.: Bekleidungs-, Wäscheanfertigung, Stricken, Häkeln, Sticken, für m. u. w.: Land- und hausw. Arbeiten. | — | — | 8 bis 10 | 8 bis 10 | nein | nein | Arbeiten nur für die Anstalt. |
| 49 | Desgl. in Nietleben bei Halle. | 464 | 370 | 40 bis 50 % | 40 bis 50 % | m.: Schneider, Schuster, Tischler, Mützenmacher, Maler, Glaser, Stellmacharb., Buchbinder, Flechter, Sattler, Polsterarbeiter, Cigarrenarbeiter.; außerdem: Land- u. Gartenarbeiten. | — | — | 8 | 8 | nein | ja; vorübergehend von 1 Kranken | Arbeiten fast ausschl.f. d. Anst.; nur Stroh-flechtarbeiten u. Cigarren zum Verkauf. |
| 50 | Landes-Heil- u. Pflegeanstalt, Nietspringe. | 94 | 74 | 64 | 42 | m.: Natur-Holzarb., Schnitz., Schuster, Schneider, Korbmacher, Flecht., Buchbind., Buchdruck., Landwirtsch.; w.: Fröbelarbeit, Stricken, Nähen, Sticken, Haus- u. Küchenarbeit, Gartenarb. | — | — | 4 | 4 | nein | nein | Arbeit nur f. d. Anstalt. Sonstige Unterrichtsstunden: 3. |
| 51 | Friedr. Wilh. Provinz.-Blindenanstalt, Halle. | 106 | 68 | 92 | 62 | m.: Korbmacherei, Seilerei, Bürstenbind., Flechterei, Klavierstimmen; w.: weibliche Handarbeiten, Bürstenbinderei, Flechterei. | 7—8 | 7—8 | schulpfl. Kinder 2 konfirm. 9—10 | schulpfl. Kinder 2 konfirm. 9—10 | " | " | Arbeit nur z. Verkauf. |

Eine Umschau auf deutsche Pflegeanstalten. 37

| | | Pfleglinge 12 | 9 | | | | | | | |
|---|---|---|---|---|---|---|---|---|---|---|
| | | 14 | | | | | | | | |
| | | 21 | Zöglinge 6 | | | | | | | |
| 52 | Prov.-Blindenanstalt, Warby. | | | 7 | m.: Korb-, Bürstenmacherei, Flechtarbeiten; w.: Bürstenm., Flechtarb., weibl. Handarbeiten. | — | — | 8½ bis 10 | nein | nein | Desgl. |
| 53 | Pr.-Taubstummenanst., Erfurt. | 38 | 44 | 15 | 7 | 6 | | 9 | 4 | " | " | Arbeit zum Besten der Zöglinge. |
| | | | | | 36 | m.: Papparbeiten, Schnitzen; w.: Stricken, Nähen, Stopf-, Flicken, Namensticken. | | | | | | |
| 54 | Pr.-Taubstummenanst., Halberstadt. | 41 | 42 | — | — | Nähen, Flicken, Ausbessern. | 13 | — | 4 | " | " | Knaben der Oberstufe 4 Zeichenstunden z. Vorbereitung auf ein Kunsthandwerk. |
| 55 | Pr.-Taubstummenanst., Halle a. S. | 44 | 36 | 21 | 30 | m.: Papparbeit, Kerbschnitt; w.: Stricken, Nähen, Häkeln, Sticken, Flicken, Stopfen. | 8 | 2 bis 3 | wöchentl. 1 — 2 | " | " | Arbeit teils f. d. Anstalt, teils f. d. Angehörigen. |
| 56 | Pr.-Taubstummenanst., Osterburg. | 26 | 19 | 14 | 19 | Desgl. | 12 | 4 | 4 | " | " | Desgl. |
| 57 | Pr.-Taubstummenanst., Weißenfels. | 31 | 30 | 12 | 30 | Desgl. | 12 | 2 | 4 | " | " | Desgl. |
| 58 | Pr.-Taubstummenheim, Schleusingen. | 1 | 6 | — | — | Kein Unterr. | — | — | — | " | " | |

**VIII. Hannover.**

| 59 | Irrenanst., Hildesheim. | 403 | 325 | 40 | 101 | m.: Tischl., Schust., Schneid., Buchbind., Flecht., Korbm., Maler, Schloff., Stellm.; w.: Handarbeiten, Nähen, Schneid., Wasch, Spinnen. | — | täglich 8 | 8 | " | " | Arbeit f. d. Anstalt; Strohflechterei zum Verkauf. |
| 60 | Prov.-Heil- und Pflegeanstalt, Göttingen. | 265 | 143 | 110 | 60 | Desgl. | — | 7 | 7 | " | " | Arbeit nur f. d. Anst. |
| 61 | Prov.-Heil- und Pflegeanstalt, Osnabrück. | 162 | 243 | 99 | 180 | m.: desgl. u. Feldarb. (54); w.: desgl. (wie zu 63), und Wäscherei, Haus= und Küchenarbeit (43 Pers.) | — | 7½ | 7½ | " | " | Desgl. |

38 Eine Umschau auf deutsche Pflegeanstalten.

| Laufende Nr. | Name der Anstalt | Zahl der Zöglinge m. | Zahl der Zöglinge w. | Wie viele nehmen an dem Handarbeitsunterricht teil? m. | Wie viele nehmen an dem Handarbeitsunterricht teil? w. | Welche Handarbeitszweige werden betrieben? | In welchem Alter beginnt der Handarbeitsunterricht? m. | In welchem Alter beginnt der Handarbeitsunterricht? w. | Wie viele Stunden auf jeden Zweig? m. | Wie viele Stunden auf jeden Zweig? w. | Werden dort schon betrieben Weberei? | Werden dort schon betrieben Alloppaterei? | Bemerkungen |
|---|---|---|---|---|---|---|---|---|---|---|---|---|---|
| 62 | Prov.-Heil- und Pflege-(Idioten)-Anstalt, Langenhagen b. Hann. | 433 | 268 | 25 | 147 | m.: —? (Buchbinderei auf- gegeben); w.: Stricken, Nähen, Häkeln. | ? | ? | täglich 2—3 | | nein | nein | Arb. f. Anst. u. Verk. |
| 63 | Pr.-Taubstummenanst., Hildesheim. | 47 | 43 | 20 | 43 | m.: Papparbeit, Kerbschnitt, Hobelbankarbeit, w.: weibl. Handarbeit. | 11 bzw. 12 | 7 | wöchentl. 4 | 2—4 | " | " | Arb. f. d. Angehörigen. |
| 64 | Pr.-Taubstummenanst., Stade. | 42 | 25 | 14 | 25 | m. u. w.: desgl. | 11 | 7—8 | 2 | 2 | " | " | Desgl. |
| 65 | Pr.-Taubstummenanst., Osnabrück. | 32 | 26 | 12 | 26 | m.: Hobelbankarbeit; w.: weibl. Handarbeit. | 12 bis 13 | 7 | 2—4 | | " | " | Arbeit teils f. d. Anstalt, teils f. d. Angehörigen. |
| 66 | Taubstummenanstalt, Emden. | 13 | 20 | 6 | 20 | m.: Tischlerei u. Papparb.; w.: weibliche Handarbeiten, Maschinennähen. | 11 bis 12 | 6 | 2—3 bis 4—8 | | ja, früher Handweben | " | Arbeiten für die Anstalt. |
| 67 | Prov.-Blindenanstalt, Hannover. | 56 | 51 | 56 | 51 | m. u. w.: Fröbelbeschäftig., Modellieren, Sägen, Hobeln, Schnitzen, Flechten, Korbmachen, Seilerei, Bürstenmacherei, Klavierstimmen; weibliche Handarbeiten. | 8 | 8 | | | nein | " | |
| 68 | Prov.-Heil- und Pflegeanstalt, Lüneburg. | 223 | 211 | 16 | 27 | m.: Schuster, Schneider, Tischler, Flechter; w.: Nähen, Strick, Spinnen. | | | 7 | 7 | " | " | Arbeiten für die Anstalt. |

IX. Westfalen.

| 69 | Prov.-Irrenanstalt Marsberg. | 285 | 231 | 20 | 180 ca. | m.: Flechten, Tütenkleben; w.: weibliche Handarbeiten. | | | 5 | 5 | " | " | Desgl. |

| Nr. | Anstalt | | | | Beschäftigung | | | | | |
|---|---|---|---|---|---|---|---|---|---|---|
| 70 | Prov.-Irrenanstalt, Lengerich i. Westf. | 280 | 22 | 46 | m.: fast alle gewerbl. Handwerke, Flechten u. Bürstenbinden nach Bedarf. w.: Flickerei u. Strickerei. | — | 8—10 | nein | nein | Desgl. |
| 71 | Prov.-Irrenanstalt, Münster i. Westf. | 232 | 24 | 58 | m.: Nähen, Flicken, Flechten ꝛc. w.: weibl. Handarbeiten. | — | 8 | " | " | Arbeiten f. d. Anstalt, Flechterei f. Verkauf. |
| 72 | Prov.-Irrenanstalt, Aplerbeck i. Westf. | 271 | 8 | 80 | m. u. w.: desgl.; auch Haus-, Feld- und Küchenarbeit. | — | 8 | " | " | Desgl. |
| 73 | Pr. Pflegeanstalt, Eickelborn. | 260 | 20 | 35 | m.: Briefumschläge, Rohrmatten. w.: Näh- u. Strickarbeiten. | — | 6 | " | " | Arbeiten f. d. Anstalt, Briefumschläge zum Verkauf. |
| 74 | Blindesche Prov.-Blindenanstalt, Paderborn. | 30 | 30 | 28 | m.: Stuhl-, Matten-, Korbflechterei, Bürstenmacherei; w.: Stricken, Häkeln, Teppichflechten, Rohrflechten. | 8 | Kinder 1—2 Erwachsene 8 | " | " | Arbeiten werden, soweit der Bedarf der Anstalt gedeckt, verkauft. |
| 75 | Blindesche Prov.-Blindenanstalt, Abt. Soest. | 30 | 22 | 11 | Desgl. | desgl. | desgl. | " | " | Desgl. |
| 76 | Pr.-Taubstummenanst., Büren. | 42 | 42 | 36 | m.: Fröbelarbeit, Schnitzen, Pappbearbeit u. Hobelbankarbeit. w.: Fröbelarbeit u. weibliche Handarbeit. | beim Eintritt in die Anstalt | — | " | " | Arbeiten werden verkauft. |
| 77 | Pr.-Taubstummenanst., Petershagen. | 40 | 40 | 15 nämlich letzter Jahrgang | m.: desgl. und Obst- und Gartenbau. w.: wie vor. | 7—14 | 2 | " | " | Teils desgl., teils den Kindern zu Geschenken gegeben. |
| 78 | Pr.-Taubstummenanst., Langenhorst i. Hann. | 52 | alle | alle | m.: desgl. w.: weibl. Handarbeit. | beim Eintritt | 2 4 | " | " | Teils desgl., teils verkauft. |
| 79 | Pr.-Taubstummenanst., Soest. | 50 | 32 | | m. u. w.: desgl. | " | 2 4 | " | " | Desgl. |

40 Eine Umschau auf deutsche Pflegeanstalten.

| Laufende Nr. | Name der Anstalt | Zahl der Zöglinge m. | Zahl der Zöglinge w. | Wie viele Personen nehmen an dem Handarbeitsunterricht teil? m. | Wie viele Personen nehmen an dem Handarbeitsunterricht teil? w. | Welche Handarbeitszweige werden betrieben? | In welchem Alter beginnt der Handarb.-Unterricht? m. | In welchem Alter beginnt der Handarb.-Unterricht? w. | Wie viele Stunden auf jeden Zweig? m. | Wie viele Stunden auf jeden Zweig? w. | Werden dort schon betrieben Weberei? | Werden dort schon betrieben Klöppelei? | Bemerkungen |
|---|---|---|---|---|---|---|---|---|---|---|---|---|---|
| | | | | | | **X. Hessen-Cassel.** | | | | | | | |
| 80 | Landesheilanstalt, Marburg. | 104 | 157 | — | 20 bis 25 | m.: — w.: Nähen, Stricken, Flicken. | — | — | | 7 | nein | nein | Arbeiten nur für die Anstalt. |
| 81 | Anstalt f. Schwachsinnige Hephata, Treysa. | 94 | 60 | 50 ca. | 40 ca. | m. u. w.: Wirken, Bürstenmachen, Korbmachen, Schneidern und weibliche Handarbeiten. | — | — | | 2 | " | " | Zum Teil bsgl., z. T. ¾ Berf. 4 Schulstd., 1 Exerzierstunde. |
| 82 | Ständ. Taubstummenanstalt, Homberg. | 56 | 66 | 23 | 66 | m.: Stopfen, Flicken; w.: weibl. Handarbeiten. | 10 bis 12 | 6 bis 10 | Erwachsene 8—10 | möchentl. 2—8 | " | " | Arbeiten für die Anstalt. |
| 83 | Landeshospital, Merxhausen. | — | 688 | — | 113 | w.: weibliche Handarbeit, Flechten. | — | — | | 9½ | " | " | Desgl. |
| 84 | Landeshospital, Haina. | — | 800 | — | 12 | w.: Nähen, Stricken, Flicken. | — | — | | 8 | " | " | Desgl. |
| 85 | Blindenanstalt, Frankfurt a. M. | 35 | 19 | 35 | 19 | m.: Flechtarb., Deckenweben, Seilklöppeln; w.: Rohrstuhlflegieren, weibliche Handarbeiten. | — | — | | 8, jüngere 1½—3 Stunden | " | " | — |
| | | | | | | **XI. Hessen-Wiesbaden.** | | | | | | | |
| 86 | Heil- und Pflegeanstalt, Eichberg. | 294 | 280 | 189 | 100 | m.: Schuhmacherei, Schneiderei, Polsterei, Buchbind., Schreinerei, Wagnerei, Schlosserei, Landwirtsch. u. Gartenbau. w.: Schneiderei, Wäscherei, und Plätterei. | — | — | | 8 u. 7½ Stunden | " | " | — |
| 87 | Desgl. Weilmünster. | 272 | 315 | — | 50 | m.: nein. w.: Nähen, Flicken, Stricken, Stopfen, Häkeln. | — | — | | | " | " | — |

Eine Umschau auf deutsche Pflegeanstalten. 41

| | | | | | | | | Arbeiten für die Zöglinge. |
|---|---|---|---|---|---|---|---|---|
| 88 | Taubstummenanstalt, Camberg. | 50 | 35 | 35 | m.: Stroh- u. Korbflechten, Hobeln, Drehen, Kerbschn., Obst- u. Gartenbau; w.: Häkeln, Nähen, Säumen, Stopfen, Plätten, Zuschneideunterricht, Obstbau. | — | — | — |
| 89 | Blindenschule u. Arbeitsanst., Wiesbaden (mit Blindenheim für erwachsene Mädchen). | 35 | 16 | 33 | m.: Stroh- und Rohrsternflechten, Mattenweben, Rohrsitze flechten u. alle Arten Weidengeflechte; w.: Rohrsitze flechten, Bürsteneinziehen, Handarbeit. | — | 9 | nein | nein |
| 90 | Anstalt f. Schwachsinnige u. Idioten (auch Epileptische) Marienhausen bei Osmannshausen. | 84 | 46 | 35 | m.: Weben, Flechten von Bordel, Teppichen, Matten; w.: Nähen, Flicken, Stopfen, Stricken. | — | — | ja | ja |
| 91 | Idioten-Erziehungsanstalt, Idstein i. T. | 89 | 58 | 67 | m.: Waschseilstricken, Bandweben, Tausendslauchflechten, Teppichmachen, Korbmachen, Bürstenmachen, Schuhmacherei, Anstreicherei, Buchbinderei und Schreinerei; w.: Stricken, Nähen, Häkeln, Sticken, Waschen und Bügeln. | — | 2 Stb. zweimal wöchentl. | ja | nein |
| 92 | Idiotenanstalt Scheuern bei Nassau. | 184 | 130 | 53 | m.: Bürstenbinden, Mattenflechten, Stuhlflechten, Tütenkleben, Seilstricken. w.: Nähen, Stricken, Sticken, Stopfen. | — | 6mal 1½ Stb. f. Kinder, 10 Stb. für Lehrlinge | nein | nein |
| | | | | | **XII. Rheinprovinz.** | | | | |
| 93 | Pr.-Taubstummenanst., Aachen. | 33 | 26 | 26 | m.: w.: weibliche Handarb. | 7 | 7 | 3 | " | " |
| | | | | | | | 2—3 | " | " |

| Laufende Nr. | Name der Anstalt | Zahl der Zöglinge m. | Zahl der Zöglinge w. | Wie viele Personen nehmen an dem Handarbeitsunterricht teil? m. | Wie viele Personen nehmen an dem Handarbeitsunterricht teil? w. | Welche Handarbeitszweige werden betrieben? | In welchem Alter beginnt der Handarbeitsunterricht? m. | In welchem Alter beginnt der Handarbeitsunterricht? w. | Wie viele Stunden auf jeden Zweig? m. | Wie viele Stunden auf jeden Zweig? w. | Werden dort schon betrieben Weberei? | Werden dort schon betrieben Köpperei? | Bemerkungen |
|---|---|---|---|---|---|---|---|---|---|---|---|---|---|
| 94 | Pr.-Taubstummenanst., Brühl. | 39 | 28 | — | 28 | m.: weibliche Handarb. | — | 7 | — | 2—3 | nein | nein | Desgl. |
| 95 | Pr.-Taubstummenanst., Elberfeld. | 22 | 32 | 10 | 32 | m.: Papparb., Kerbschnitt; w.: wie zu 93. | mit der Aufnahme | | wöchentl. 2 | 2—3 | " | " | Desgl. |
| 96 | Pr.-Taubstummenanst., Essen a. R. | 33 | 34 | 12 | 33 | m.: Papparb. u. Kerbschnitt; w.: weibl. Nadelarbeit. | 10 bis 11 | bei d. Aufn. | 2 | 2—3 | " | " | Arbeiten für die Zöglinge. |
| 97 | Pr.-Taubstummenanst., Kempen i. Rhl. | 22 | 16 | — | 16 | m.: desgl. | — | desgl. | — | desgl. | " | " | Desgl. |
| 98 | Pr.-Taubstummenanst., Neuwied. | 39 | 34 | 10 | 34 | m.: Gartenbau; w.: weibl. Handarbeit. | 12 | desgl. | 2 | 2—3 | " | " | Desgl. |
| 99 | Desgl., Trier. | 28 | 37 | 7 | 37 | m.: Papparb., Kerbschnitt; w.: wie zu 98. | 12 | desgl. | 2 | 2—3 | " | " | Desgl. — 24—32 andere Stunden. |
| 100 | Prov.-Blindenanstalt, Düren. | 91 | 59 | 51 | 33 | m.: Bürstenmacherei, Korbmacherei, Flechterei; w.: desgl. u. weibl. Handarbeit. | 15 | 15 | 8 | — | " | " | Arbeiten für die Anstalt und zum Verkauf. |
| 101 | Prov.-Blindenanstalt (Auguste Viktoria-Haus), Neuwied. | 49 | 20 | 43 | 14 | m. u. w.: desgl. | 9 | 9 | wöchentl. 10—44 | | " | " | Arbeit zum Verkauf. |
| 102 | Pr.-Heil- u. Pflegeanst., Andernach. | 223 | 222 | 12 | 70 | m.: Bambustischlerei, Bürstenmachen u. Korbflechten; w.: weibliche Handarbeit. | — | — | 8 | | " | " | Arbeit für die Anstalt und zum Verkauf. |
| 103 | Pr.-Heil- u. Pflegeanst., Bonn. | 330 | 330 | ? | ? | m.: Roßhaarzupfen; Bambusarbeit, Rohrflechten, Matratzenmachen, Buchb., Schuhm., Schloss., Schneider, Korbm., Schreiberei; w.: Haus- u. Küchenarbeit. | — | — | 6—8 | | " | " | Arb. dsgl. |

Eine Umschau auf deutsche Pflegeanstalten. 43

| Nr. | Anstalt | | | | Beschäftigung | | | | | Bemerkungen |
|---|---|---|---|---|---|---|---|---|---|---|
| 104 | Pr.-Heil- u. Pflegeanst., Düren. | 373 | 325 | 33 | 81 | m.: wie zu 103 u. Bäckerei, Blumenmach., Polsterarb.; w.: Handarbeit, Flechten, Blumen- u. Matratzenmach. | — | — | 7—8 | nein | nein | Arbeit zum Verkauf. |
| 105 | Pr.-Heil- u. Pflegeanst., Galkhausen. | 300 | 296 | { ? 67,8 % } | — | m.: wie vor. und Haus- u. Landarbeit; w.: Handarbeit, Haus- u. Küchenarbeit. | — | — | 8—9 | " | " | Arbeiten nur für die Anstalt. |
| 106 | Pr.-Heil- u. Pflegeanst., Grafenberg. | 386 | 320 | 30 | 69 | m. u. w.: wie zu 102. | — | — | 8 | " | " | Desgl. und für Bekannte. |
| 107 | Pr.-Heil- u. Pflegeanst., Merzig. | 368 | 320 | 50 | 86 | m.: Roßhaarzupfen, Falten von Klosetpapier; w.: weibliche Handarbeit u. Falten von Klosetpapier. | — | — | ? | " | " | Gebrauch d. Arbeiten f. d. Anstalt. Früher erfolglos Weberei. |
| 108 | Prov.-Landarmenhaus, Trier. | 26 | — | 11 | — | m.: Papparbeiten. | — | — | {wöch. 2} | " | " | Arbeit. nur für d. Anstalt. Täglich 3—4 andre Stb. |
| 109 | Taubstummenanstalt, Köln. | 44 | 36 | — | — | m.: Linear-, Architektur- u. Körperzeichnen; w.: Stricken, Häkeln, Sticken und Nähen. | — | — | — | " | " | — |
| | XIII. Schleswig-Holstein. | | | | | | | | | | |
| 110 | Taubstummenanstalt. | 70 | 73 | 33 36 | 36 40 | Schule des Internats, Externats. m.: "Holzschnitzarbeit ꝛc.; w.: weibl. Handarbeit. | — | — | — | " | " | — |
| 111 | Irrenanstalt, Schleswig. | 459 | 373 | — | — | m.: landwirtsch. Arbeiten; w.: weibl. Handarbeiten. | — | — | — | " | " | — |
| 112 | Pflegeanstalt, Neustadt. | 383 | 342 | — | — | Landwirtsch., Bürstenmach. | — | — | — | " | " | — |
| 113 | Idiotenanst., Schleswig. | 83 | 58 | 32 | 26 | m.: w.: Nähen, Stricken, Häkeln. | — | — | — | " | " | Arbeiten für Pflegeanstalt. und Irrenanst. |
| 114 | Blindenanstalt, Kiel. | 34 | 30 | 39 | 39 | m. u. w.: Bürstenmacherei, Seilerei, Korbmacherei, Spinnen. | — | — | — | " | " | Arbeiten zum Verkauf. |

Dem Vorstehenden ist nach den eingegangenen Berichten im einzelnen nachzutragen, was die Leiter der Anstalten über bisher gemachte Erfahrungen im Handarbeitsunterricht oder gehegte Ansichten äußern:

Zu Nr. 1 (Provinzial-Irren-, Heil- und Pflegeanstalt Allenberg, Ostpreußen): „Ein regelmäßiger Handarbeitsunterricht wird nicht erteilt. Weberei wird seit vielen Jahren betrieben. Hierbei werden gegenwärtig vier weibliche Kranke beschäftigt. Der Webereibetrieb hat sich gut bewährt. Zur Erlernung der Klöppelei sind geeignete Kranke nicht vorhanden."

Zu Nr. 2 (Provinzial-Irren-Anstalt Kortau bei Allenstein): „Der Unterricht in Handarbeiten wird von geeigneten Wärtern und Wärterinnen erteilt. Weberei wird seit Eröffnung der Anstalt 1886 von Frauen mit gutem Erfolge betrieben. Gegen die Einführung der Klöppelei liegen Bedenken nicht vor. Diese Beschäftigung ist aber der hauptsächlich landwirtschaftlichen Bevölkerung hiesiger Provinz fremd, und könnten die Erzeugnisse von der Anstalt selbst nicht verbraucht, sondern müßten verkauft werden."

Zu Nr. 3 (Provinzial-Taubstummen-Anstalt Rössel): „Es fehlt an der erforderlichen Zeit für den Unterricht und Betrieb der Weberei und Klöppelei, die an Bedeutung für das spätere Leben der Zöglinge den heute betriebenen weit nachstehen. Klöppelei wird in den Kreisen der Angehörigen der hiesigen Zöglinge überhaupt nicht betrieben; erwachsene taubstumme Mädchen oder Frauen würden für derartige Arbeiten hier nur schwer Abnehmer finden. Für die Weberei finden die Zöglinge in ihrem späteren Leben bei den Lehrdamen oder im elterlichen Hause nicht die nötigen Einrichtungen." — Der Lehrplan für den Unterricht in Knabenhandfertigkeit wie in der Handarbeit für Mädchen läßt ein durchaus methodisches Vorgehen vom Einfachen zum Schwereren erkennen.

Zu Nr. 4 (Provinzial-Taubstummen-Anstalt zu Königsberg i. Pr.): „Bei dem Unterricht in Knabenhandarbeit wird der Lehrplan von Dr. Götze in Leipzig zu Grunde gelegt."

Zu Nr. 5 (Provinzial-Taubstummen-Anstalt zu Angerburg): „Der Handarbeitsunterricht für Knaben nimmt bei Beginn des 5. Schuljahres seinen Anfang, bei einigen älteren mit Beginn des 4. Schuljahres. Bei den Mädchen beginnt der Handarbeitsunterricht mit dem Eintritt in die Anstalt; das Alter ist sehr verschieden: es beträgt zwischen 7 und 11 Jahren. Gegen die Einführung der Weberei ist geltend zu machen, daß die Schülerinnen dafür nicht kräftig genug sind. Die Klöppelei könnte in einer Unterrichtsanstalt erst dann eingeführt werden, wenn die Schülerinnen in den gröberen Handarbeiten, die jederzeit gebraucht werden, wie: Nähen, Stopfen, Ausbessern und Stricken, etwas Gutes leisten. Dieses Ziel wird hier bis zum Schlusse der Schulzeit nicht einmal mit allen Schülerinnen erreicht."

Zu Nr. 7 (Heil- und Pflegeanstalt für Epileptische, Carlshof): „Haben — statt des Webens und des Klöppelns — in Haus, Hof, Garten und Werkstätten Nötigeres und Nützlicheres zu tun." Handarbeiten für Knaben werden überhaupt nicht betrieben.

Zu Nr. 8 (Idioten-Anstalt zu Rastenburg): „Es sind im Laufe der Jahre verschiedene Versuche zum Zwecke der Organisation des Handarbeitsunterrichts angestellt, aber nie durchgeführt worden. Erst im

Jahre 1900 infolge der Anstellung eines Direktors im Hauptamt wurden Matten- und Stuhlflechten, Bürstenbinden und Fröbelsche Beschäftigung ein- und durchgeführt, sowie das Schneidern, Schuhmachen, Nähen und Stricken planmäßig und unter genauer Verteilung geeigneter Pfleglinge auf die einzelnen Verwaltungszweige betrieben. Aus erziehlichen Gründen wäre die Einführung beider Unterrichtsgegenstände (Weben und Klöppeln) nur zu begrüßen, doch erscheint es fraglich, ob bei unserm Pfleglingsmaterial der pekuniäre Ertrag die Installierungs- und laufenden Auslagen decken wird."

Zu Nr. 9 (Gräflich Dennewitzsches Blindenstift zu Königsberg): „Die Insassen der Stifts sind sämtlich Erwachsene. In den drei Handwerken: Seilerei, Korbmacherei und Bürstenmacherei, erteilen Handwerksmeister, welche von den Innungen geprüft sind, den Unterricht; in den weiblichen Handarbeiten eine geprüfte Handarbeitslehrerin, in den übrigen Flechtarbeiten geschickte männliche und weibliche Hilfskräfte, die in der Anstalt selbst vorgebildet sind. Zum Weben von Wäsche- und Kleiderstoffen sind Blinde nicht geeignet. Für schmale Bänder und Gürtel, deren Herstellung durch Handweberei (auch isländische Brettchenweberei) einmal in Aussicht genommen wurde, fehlt hier der Absatz, da die billige Fabrikware den Markt beherrscht. In Bezug auf Klöppelarbeit fehlen die Versuche und Erfahrungen."

Nr. 10 (Ostpreußische Blinden-Unterrichts-Anstalt zu Königsberg): „Die Schüler haben im Sommer wöchentlich 14—24 Stunden Handarbeit, im Winter weniger. Je nach Eignung und Geschicklichkeit wird der einzelne von den leichteren zu den schwierigeren Handarbeiten geführt, bis er nach der Konfirmation als Lehrling eines der drei Handwerke: Seilerei, Korbflechterei, Bürstenmacherei, erlernt. Die Konfirmierten haben außer dem Musikunterricht, soweit sie daran teilnehmen, nur 6 Stunden wöchentlich Fortbildungsunterricht und 2 Stunden Turnen, die übrige Zeit des Tages von 7 bezw. 8 Uhr bis 12 Uhr mittags und von 2 Uhr nachmittags bis 7 Uhr abends sind sie in den Werkstätten beschäftigt." Im übrigen wird die gleiche Antwort wie unter Ziffer 9 gegeben.

Zu Nr. 11 (Provinzial-Irren-Anstalt in Schwetz): „Es liegt hier durchaus kein Bedürfnis für Einführung der Weberei und Klöppelei vor, da zur Verrichtung der bisherigen notwendigen Haus- und Feldarbeiten 2c. kaum genügend Arbeitskräfte vorhanden sind."

Zu Nr. 13 (Provinzial-Irren-Anstalt Conradstein): „Bedenken gegen die Einführung der Weberei und Klöppelei bestehen zwar nicht, doch sind geeignete Arbeitskräfte für diese Arbeitszweige nicht vorhanden."

Zu Nr. 14 (Provinzial-Taubstummen-Anstalt Marienburg): „Unterricht für Mädchen in der Klöppelei könnte eingeführt werden, wenn an der Anstalt die bis jetzt noch fehlende 8 jährige Schulzeit Bestimmung wäre und die Mädchen dafür nach ihrer Schulzeit Verwertung hätten, was in hiesiger Gegend nicht der Fall sein wird."

Zu Nr. 16 (Wilhelm-Augusta-Blindenanstalt zu Königsthal, Westpreußen): „Weberei und Klöppelei sind für die Blinden mühsame und zeitraubende Arbeiten; bei der Beschäftigung derselben ist aber in erster Linie ganz entschieden darauf zu achten, daß sie das lernen, was sie vermöge ihrer ganzen Individualität im späteren Leben brauchen können, um ihr Durchkommen zu finden. Weil in der Handarbeit fast für alle Blinden das spätere Fortkommen und der Hauptteil des irdischen Glückes zu suchen ist, so nehmen alle Kinder an diesem Unterrichte teil, der gleich nach dem Eintritte der Zöglinge in die Anstalt beginnt und mit dem litterarischen Unterricht parallel geht; den speziell gewerblichen Unterricht genießen aber von insgesamt 109 nur 63 Zöglinge."

Zu Nr. 17 (Landes=Irrenanstalt zu Eberswalde): „Die Anstalt hat 130 Kranke besserer Stände (Pensionäre), von denen sich einzelne eben= falls an den verschiedenen Arbeiten beteiligen. Weberei und Klöppelei sind noch nicht betrieben worden. Gegen die Einführung dieser Beschäftigungs= fächer liegen Bedenken jedoch nicht vor."

Zu Nr. 19 (Brandenburgische Landes=Irrenanstalt zu Landsberg): „Weberei und Klöppelei werden nicht betrieben. Es ist das auch früher nicht geschehen. Besondere Bedenken gegen die Einführung der Weberei und Klöppelei würden nicht geltend zu machen sein. Doch ist deren Ein= führung bei der Anstalt ausgeschlossen, da in den übrigen Fächern schon nicht genügende Kräfte vorhanden sind, um sämtliche Gebrauchsgegenstände in der Anstalt herzustellen."

Zu Nr. 22 (Brandenburgische Provinzial=Anstalt für Epileptische zu Potsdam): „Gegen die Einführung der Beschäftigungsfächer Weberei und Klöppelei sind Bedenken nicht zu erheben, falls nicht die Ausgaben für Webstuhl und Klöppelsteine den Etat zu sehr belasten."

Zu Nr. 23 (Wilhelmstift, Brandenburgische Provinzial=Anstalt für bildungsfähige Idioten zu Potsdam): „Gegen die Zulassung der Weberei liegen Bedenken nicht vor; gegen die Klöppelei spricht die geringe geistige Kapazität der Kinder. Daneben sei bemerkt, daß nach Bewilligung der erforderlichen Mittel im laufenden Jahre der Knabenhandarbeitsunterricht nach den dafür geltenden Grundsätzen zunächst in Holz= und Papparbeiten eingeführt werden soll. Es ist in Aussicht genommen, den Oberwärter an den dafür eingerichteten Kursen in Leipzig teilnehmen zu lassen."

Zu Nr. 30 (Provinzial=Irrenanstalt zu Ueckermünde): „Klöppeln ist zeitweilig von einzelnen weiblichen Kranken betrieben worden, Weberei bisher noch nicht. Gegen letztere sind grundsätzliche Bedenken nicht vorzu= bringen."

Zu Nr. 32 (Provinzial=Irrenanstalt zu Treptow): „Weberei und Klöppelei wurden hier nie betrieben. Es liegen keine Bedenken gegen Ein= führung derselben vor. Jedoch macht sich ein Bedürfnis nach Aufnahme der Weberei und Klöppelei als Beschäftigungsfächer und nach irgend welchen anderen Handarbeiten nicht geltend, da die üblichen Arbeitsquellen reich= lich sind."

Zu Nr. 33 (Provinzial=Taubstummenanstalt zu Stettin): „Weberei und Klöppelei liegen außerhalb des Rahmens des Schulunterrichts. Ihre Einführung kann nicht empfohlen werden, weil
 a) die Erlernung einen zu großen Lehrapparat bedingt,
 b) die Betriebsmittel zu hohe Auslagen erfordern,
 c) die Arbeiten keinen entsprechenden Gewinn bringen würden."

Zu Nr. 34 (Provinzial-Taubstummenanstalt Cöslin): "Anstatt der Teilnahme am Handfertigkeitsunterricht scheint es zweckmäßiger, die Kinder im Freien zu beschäftigen oder in der Wirtschaft, wie es das Bedürfnis im Haushalt mit sich bringt. Sie wollen an den Sorgen des täglichen Lebens teilnehmen und tun es auch gern. Bei den hiesigen Verhältnissen ist es besser, wenn die Kinder nicht zu früh zum dauernden Sitzen angehalten werden, sondern sich mehr in frischer Luft bewegen, auch nötigen Falles bei Wind und Wetter. Lungen und Gliedmaßen erstarken dabei mehr als bei sitzender Lebensweise. Auch die Abwechslung bei den Arbeiten ist grade im jugendlichen Alter von Vorteil, damit die Einseitigkeit vermieden wird, einzelne Glieder zu lange angestrengt werden und der Geist nicht nur auf ein und dieselbe Arbeit gelenkt wird."

Zu Nr. 35 (Provinzial-Blindenanstalt zu Neutorney bei Stettin): "Gegen die Einführung der Weberei und Klöppelei wird hervorgehoben, daß für derartige Fabrikate dort auf gewinnbringenden Absatz nicht gerechnet werden könne."

Zu Nr. 36 (Kückenmühler Anstalten): a) für Blöd- und Schwachsinnige, b) für Epileptische in Stettin): "Die Teppichflechterei von Tuchlappen ist vor etwa 15 Jahren aus Mangel an Material eingegangen; ebenso die Weberei aus Mangel an geeigneten Zöglingen. Dagegen ist Maschinennäherei und Klöppelarbeit angefangen. Für einfache Klöppelarbeiten scheinen einzelne Schwachsinnige und Epileptische geeignet zu sein. Sehr gut webten auch einige Zöglinge, doch griff es die Brust sehr an, und da unsere Schwachsinnigen vielfach an schwachen Lungen leiden, lassen sich schwer körperlich und geistig geeignete Mädchen herausfinden." Einen sehr breiten Raum in der Beschäftigung der in den bezeichneten Anstalten untergebrachten Zöglinge nehmen die landwirtschaftlichen und gärtnerischen Arbeiten ein.

Zu Nr. 37 (Provinzial-Irren- und Idiotenanstalt Kosten): "Die Einführung der Weberei und Klöppelei erscheint ohne Bedenken zu sein."

Zu Nr. 38 (Irrenanstalt Owinsk): Wie unter Nr. 37 angegeben.

Zu Nr. 39 (Provinzial-Irrenanstalt Dziekanka bei Gnesen): "Weberei und Klöppelei werden in der Provinz Posen nicht betrieben; die Einführung kommt deshalb für die dortige Provinz nicht in Frage. Bedenken würden dagegen nicht zu erheben sein."

Zu Nr. 40 (Provinzial-Taubstummenanstalt in Posen): "Der Lehrplan bei Knaben ist der in Knaben-Handfertigkeitsschulen und bei Mädchen der in Mädchenschulen eingeführte. Die von den Knaben angefertigten Sachen in der Hobelbank- und Papierarbeit werden denselben bei der Entlassung aus der Anstalt mitgegeben und nur einige Stücke als Muster zurückbehalten. In der Knabenschneiderei und in den weiblichen Handarbeiten sind die Zöglinge für Zwecke der Anstalt beschäftigt. Die befürwortete Erweiterung des Handarbeitsunterrichts auch für taubstumme Personen, insbesondere die Einführung der Weberei und Klöppelei, empfiehlt sich für die diesseitigen Zöglinge nicht. Knaben und Mädchen sind außerhalb der Schul- und Erholungszeit körperlich bezw. manuell hinreichend und angemessen beschäftigt, und zwar sowohl im Sommer als auch im Winter. Die

Vorschläge dürften dagegen bei Pflegeanstalten bezw. Heimen für erwachsene Taubstumme und bei Erziehungsanstalten für minder befähigte und schwachsinnige taubstumme Kinder der Prüfung wert sein."

Zu Nr. 41 (Provinzial=Taubstummenanstalt zu Schneidemühl): „Der Unterricht bei den Knaben wird in Anlehnung an den Normallehrgang für den Handarbeitsunterricht, herausgegeben im Auftrage des Deutschen Vereins für Knabenhandarbeit von Dr. Götze in Leipzig erteilt. In Bezug auf den Handarbeitsunterricht schreibt der Lehrplan folgendes vor:

> Handarbeitsunterricht erhalten die größeren Mädchen wöchentlich in vier, die kleineren Mädchen und die größeren Knaben wöchentlich in drei Stunden. Hauptzweck dieses Unterrichtsgegenstandes ist für die Mädchen das Erlernen des Nähens, Strickens, Flickens und Stopfens, für die Knaben das Ausbessern der Kleidungsstücke. Außer den schulplanmäßigen Stunden werden sowohl Knaben als Mädchen, je nachdem die Notwendigkeit dazu vorliegt, mit Handarbeiten beschäftigt. Auch müssen die größeren Knaben alle vorkommenden Feld= und Gartenarbeiten verrichten, sowie das Zerkleinern des Holzes besorgen. Die größeren Mädchen haben täglich bei den Arbeiten in der Ökonomie behilflich zu sein.

Gegen die Einführung der Weberei werden nachstehende Bedenken erhoben:

In den Taubstummenanstalten fehlt es an ausreichender Zeit, da die Mädchen täglich bei den Arbeiten in der Ökonomie behilflich sein müssen, neben Nähen, Flicken, Sticken, Stopfen u. s. w. noch die Weberei in erforderlichen Umfange zu üben; in der hiesigen Anstalt fehlen geeignete Räume zum Aufstellen der Webstühle; die Anschaffung von Webstühlen erfordert größere Geldopfer; in den seltensten Fällen dürften die aus der Anstalt entlassenen Zöglinge im Elternhause einen Webstuhl vorfinden; die Weberei ist der Gesundheit der in der Körperentwicklung stehenden Zöglinge schädlich; als Erwerbszweig ist die Weberei nicht zu empfehlen, da Handarbeit gegen Fabriktätigkeit nicht konkurrieren kann. Auch die Einführung der Klöppelei dürfte für die Mehrzahl der entlassenen taubstummen Mädchen als Erwerbszweig nicht geeignet sein. Die aus der hiesigen Anstalt entlassenen Mädchen werden von einer geschickten Damenschneiderin im Maßnehmen, Zuschneiden und Verfertigen von Frauenkleidern, im Weißnähen, im Sticken, in der Tapisserie, im Waschen, Plätten und in der Führung des Haushalts derartig ausgebildet, daß sie am Schlusse einer anderthalbjährigen Lehrzeit in der Lage sind, ihren Unterhalt selbständig zu erwerben."

Zu Nr. 42 (Provinzial=Taubstummenanstalt zu Bromberg): „Gegen die vorgeschlagene Erweiterung des Handarbeitsunterrichts würden folgende Bedenken zu erheben sein: Der Unterricht im Weben und Klöppeln würde besonders wegen der sich anschließenden Übungen verhältnismäßig viel Zeit erfordern und die müßte, da eine weitere unterrichtliche Inanspruchnahme der Zöglinge kaum zulässig sein dürfte, den andern Unterrichtsfächern entzogen werden müssen.

Die Erlernung dieser Kunstfertigkeiten würde für die Taubstummen hiesiger Gegend wenig Zweck haben, weil hier weder eine erwähnenswerte

Hausweberei, noch überhaupt eine Textilindustrie betrieben wird, auch Flachsbau und Schafzucht sich im Rückgange befinden, und der Taubstumme daher in der Heimat keine besonders lohnende Verwendung für die erlernte Fertigkeit fände."

Zu Nr. 43 (Provinzial-Blindenanstalt Bromberg): „Weberei und Klöppelei sind in der Anstalt bisher nicht betrieben worden und dürften sich wohl kaum für eine Blindenanstalt eignen. Dagegen ist Versuch mit dem Knüpfen von Teppichen 2c. gemacht worden, doch stellen sich diese Arbeiten zu teuer, so daß der Absatz fehlt."

Zu Nr. 44 (Provinzial-Heil- und Pflegeanstalt für Geisteskranke, Epileptiker, Idioten [Erwachsene und Kinder] zu Freiburg i. Schl.): „Das Krankenmaterial würde sich nicht zur Beschäftigung mit Klöppeln, das übrigens in hiesiger Gegend überhaupt nicht betrieben wird, eignen. Weberei ist nicht versucht worden."

Zu Nr. 45 (Provinzial-Heil- und Pflegeanstalt zu Kattowitz in Oberschlesien): „Bedenken gegen Einführung der Weberei und Klöppelei als Unterrichtsgegenstände liegen nicht vor, doch werden die arbeitsfähigen Pfleglinge mit anderen Arbeiten angemessener beschäftigt."

Zu Nr. 47 (Taubstummenanstalt Breslau): „In der Anstalt ist aus Mangel an Zeit niemals der Versuch mit Weben und Klöppeln als Handarbeitsfächern gemacht worden."

Zu Nr. 48 (Landes-Heil- und Pflegeanstalt Alt-Scherbitz): „Weberei und Klöppelei ist bisher nicht betrieben worden und wird auch für die Folge nicht einzuführen sein, da die ausgedehnte Landwirtschaft genügend Gelegenheit zur Beschäftigung bietet."

Zu Nr. 49 (Landes-Heil- und Pflegeanstalt für Geisteskranke zu Nietleben bei Halle a. S.) „Klöppelarbeit ist nur vorübergehend von einer Kranken betrieben worden. Für Weberarbeiten würde es zur Zeit an Raum fehlen; weiterer Ausdehnung der Klöppelarbeit steht die Schwierigkeit des Absatzes entgegen. Auch sind beide Handarbeitsbetriebe in sanitärer Beziehung nicht ganz einwandfrei. Etwa 48—50% des gesamten Krankenbestandes beschäftigen sich. Die Haupttätigkeit entfällt aber auf andere Arbeiten (in Feld und Garten, Haus, Küche, Wäscherei u. s. w.) als die hier in Rede stehenden."

Zu Nr. 53 (Provinzial-Taubstummenanstalt zu Erfurt): „Klöppeln und Weben ist niemals betrieben worden. An erster Stelle ist die Anstalt Schulanstalt, die nur Zeit gewährt für das Notwendigste und Praktischste aus dem Gebiete des Handfertigkeitsunterrichts."

Zu Nr. 54 (Provinzial-Taubstummenanstalt zu Halberstadt): „Außer dem Unterricht in den weiblichen Handarbeiten, welcher sämtlichen Mädchen in 2 Stunden wöchentlich erteilt wird, und dem Unterricht im Ausbessern ihrer Kleidungsstücke, welchen alle Knaben in wöchentlich 2—3 Stunden erhalten, wird in hiesiger Anstalt besonderer Handarbeits-(Handfertigkeits-)Unterricht nicht erteilt. Dafür sind die Zeichenstunden auf der Oberstufe auf wöchentlich 4 erhöht, um die Knaben zum Eintritt in die Lehre behufs Erlernung eines Kunsthandwerks (Lithographie, Xylographie, Dekorations-, Glas- und Porzellanmalerei u. s. w.) besonders zu befähigen."

Zu Nr. 55 (Provinzial-Taubstummenanstalt zu Halle a. S.): „Die künstliche Erlernung der den Taubstummen von Natur versagten Wortsprache und die geistige und sittliche Ausbildung durch und mit der Wortsprache stellt auch in der schulfreien Zeit derartige Anforderungen an die Schüler, daß zur Ausbildung manueller Geschicklichkeit wenig Zeit übrig bleibt. Die Erfahrung hat übrigens hinlänglich erwiesen, daß die spätere Erwerbsfähigkeit der Taubstummen viel mehr von der geistigen, sprachlichen und sittlichen Ausbildung abhängt als von der manuellen Ausbildung während der Schulzeit. Der Einführung der Weberei und Klöppelei als Unterrichtsfächer muß widersprochen werden. Wir haben keine Zeit dafür. Viel notwendiger wäre es, die Stunden für Stricken, Häkeln, Sticken, Flicken und Stopfen sowie die Stunden für die von den Knaben betriebenen Arbeitsfächer (Pappfächer und Kerbschnitt) zu verdoppeln."

Zu Nr. 57 (Provinzial-Taubstummenanstalt zu Weißenfels): „Die Einführung von Weberei und Klöppelei würde für die Schüler eine Überlastung im Handarbeitsunterricht bedeuten. Die schon betriebenen Übungen genügen vollkommen, um den Kindern für die Schulzeit eine gewisse Geschicklichkeit und das Interesse für Handarbeit beizubringen, wie ferner, um der geistigen Schularbeit ein gewisses Gegengewicht zu bieten."

Zu Nr. 58 (Provinzial-Taubstummenheim Schleusingen): „Die erwachsenen Insassen des Heims, gegenwärtig 19, werden, soweit dieselben dazu überhaupt fähig, von dem Hausvater angeleitet, mit der Anfertigung von Tüten für eine Papierfabrik beschäftigt. Die letztere Arbeit ist an Stelle der Anfertigung von Strohmatten, die sich nicht lohnte, getreten. Zum Weben und Klöppeln werden die Insassen nicht auszubilden sein."

Zu Nr. 60 (Provinzial-Heil- und Pflegeanstalt zu Göttingen): „Gegen die Einführung der Klöppelei sind Einwände nicht zu erheben. Weberei erscheint wegen des langen Sitzens der Kranken nicht zweckmäßig."

Zu Nr. 61 (Provinzial-Heil- und Pflegeanstalt zu Osnabrück): „Die Einführung der Weberei und Klöppelei würde sich bei der Natur des Geisteszustandes unserer Kranken nicht empfehlen."

Zu Nr. 62 (Provinzial-Heil- und Pflegeanstalt für Geistesschwache zu Langenhagen bei Hannover): „Weberei und Klöppelei werden nicht betrieben, weil für die Idiotenanstalt nicht geeignet."

Zu Nr. 63 (Provinzial-Taubstummenanstalt zu Hildesheim): „Weberei und Klöppelei werden als Unterrichtsgegenstände nicht betrieben. Die Einführung dieser Arbeitsfächer ist nicht zu empfehlen, weil dieselben 1. für die hauswirtschaftliche Ausbildung der Schülerinnen entbehrlich sind, unerläßliche Arbeiten aber durch entbehrliche nicht vernachlässigt werden dürfen, und weil 2. Weberei und Klöppelei in hiesiger Gegend für den künftigen Lebenserwerb der Mädchen nicht in Betracht kommen."

Zu Nr. 64 (Provinzial-Taubstummenanstalt zu Stade): „Gegen die Einführung des Webens und der Klöppelei sind große Bedenken zu erheben. Unsere Schule ist eine Lernschule, aber keine Handwerkerschule. Der Handfertigkeitsunterricht der Knaben hat für unsere Schüler nur den Zweck, Auge und Hand zu bilden, den Sinn für schöne Formen zu wecken, durch überlegen und Berechnen den Verstand zu schärfen, nicht aber für das Handwerk vorzubereiten [Erzielung einer allgemeinen Handfertigkeit]. Die Handarbeiten der Mädchen in jedem Stande, bei den Arbeitern, zu denen unsere taubstumme Mädchen zählen, vor allem."

Zu Nr. 65 (Provinzial=Taubstummenanstalt zu Osnabrück): "Weberei und Klöppelei werden nicht betrieben. Da die Anstalt nur Schule ist, muß von einer Mehrbeschäftigung der Schüler abgesehen werden, um auch den Pflegern Gelegenheit zu lassen, dieselben im Haushalt zu beschäftigen."

Zu Nr. 66 (Taubstummenanstalt zu Emden): "Früher, von 1884 bis 1888, ist Handweben betrieben worden, Klöppeln nie. Das Handweben war bald erlernt und es wurden schöne Sachen angefertigt. Die tüchtigsten Weberinnen erhielten beim Abgange aus der Anstalt einen Apparat geschenkt. Sie ließen das Weben aber bald, da sie mit dem Schneidern mehr Geld verdienen konnten. Die Weberei und die Klöppelei passen nicht für die Verhältnisse, aus denen die Zöglinge stammen und in die sie naturgemäß nach ihrer Entlassung aus der Anstalt zurückkehren. Haben sie in der Anstalt einen guten Grund in der Schneiderei gewonnen, so stehen sie, wie die Erfahrung zeigt, auf festem Boden. Um hierzu innerhalb der Schulzeit gelangen zu können, darf keine Zersplitterung eintreten."

Zu Nr. 67 (Provinzial=Blindenanstalt zu Hannover): "Aufgegeben ist in den letzten zehn Jahren kein Handarbeitszweig, neu eingeführt sind die Fröbelarbeiten, Knabenhandarbeit und die Bürstenmacherei. Weberei und Klöppeln sind bisher nicht betrieben worden. Ob Bedenken gegen ihre Einführung vorliegen, läßt sich nur durch Versuche entscheiden. Solche sind seit einiger Zeit angestellt mit dem Handwebe=Apparat „Textil=Eugenia" von Frau Professor Wernicke. Der Erfolg entspricht bisher aber nicht den Erwartungen. Besten Falles wird der Apparat brauchbar sein für Halbblinde."

Zu Nr. 70 (Provinzial=Irrenanstalt zu Lengerich i. Westf.): "Weberei und Klöppelei — bisher niemals in der Anstalt betrieben — scheinen sich wohl nur für intelligente Insassen zu eignen. Die wenigen intelligenten Kranken hiesiger Anstalt werden aber für die anderen Arbeiten notwendig gebraucht."

Zu Nr. 72 (Provinzial=Irrenanstalt zu Aplerbeck): "Wesentliche Bedenken bestehen nicht; es ist aber zweifelhaft, ob geeignete Personen sich finden lassen."

Zu Nr. 74 (Vinckesche Provinzial=Blindenanstalt zu Paderborn): "Gegen die Aufnahme der Weberei und Klöppelei als Unterrichtsfächer werden Bedenken nicht zu erheben sein." Es ist hier zu erwähnen, daß in dieser Anstalt nach dem aufgestellten Lehrplan ein sehr vielseitiger Handarbeitsunterricht für die männlichen wie weiblichen Zöglinge besteht.

Zu Nr. 75 (Vinckesche Provinzial=Blindenanstalt, Abteilung Soest): "Nach den jetzigen bekannten Erfahrungen, wo die Not der Handweber immer größer wird, und die Maschinenweberei alles beherrscht, liegt es klar, daß Blinde auf diesem Gebiete erst recht nichts erreichen. Mit der Klöppelei ist es ebenso."

Zu Nr. 76 (Provinzial-Taubstummenanstalt zu Büren): „Gegen die Einführung der Weberei und Klöppelei als Unterrichtsgegenstände sind folgende Bedenken vorzubringen: Die Stundenzahl der Schüler ist eine so hohe, daß dieselbe wohl schwerlich erhöht werden kann. Eine Herabminderung dieser Stundenzahl zu Gunsten der genannten Handfertigkeitsgegenstände eintreten zu lassen ist mit Rücksicht darauf, daß die bereits früher eingeführten Unterrichtsfächer weit wichtiger sind, nicht angängig und auch, da für die Ausbildung und Pflege des Körpers hinreichend gesorgt werden muß, nicht nötig."

Zu Nr. 77 (Provinzial-Taubstummenanstalt zu Petershagen): „Bei der zeitigen Organisation der Anstalt, die sich bewährt hat und ohne Not nicht aufgegeben werden sollte, ist eine Einfügung in den Stundenplan nicht angängig."

„Zu Nr. 78 (Provinzial-Taubstummenanstalt zu Langenhorst): „Weberei und Klöppelei gehören nicht zu den pädagogischen Handarbeiten."

Zu Nr. 79 (Provinzial-Taubstummenanstalt zu Soest): „Der Knabenhandfertigkeitsunterricht verfolgt lediglich erziehliche Zwecke und soll keine handwerksmäßige Ausbildung vermitteln."

Zu Nr. 80 (Landesheilanstalt Marburg): „Weberei und Klöppelei lassen sich hier nicht einführen, weil der Aufenthalt der Kranken nur ein vorübergehender ist und ihnen mit wenigen Ausnahmen die Vorbildung fehlt."

Zu Nr. 81 (Erziehungs- und Pflegeanstalt für Schwachsinnige Hephata zu Treysa): „Gegen die Einführung von Weberei und Klöppelei als Unterrichtsgegenstände spricht, daß sie für schwachsinnige Kinder zu schwierig sind."

Zu Nr. 85 (Blindenanstalt zu Frankfurt a. M.): „Waschseilklöppeln besteht seit etwa 20 Jahren als Beschäftigungsgegenstand in der Anstalt. Die Deckerei beschränkt sich auf die Anfertigung von Fußmatten aus Strohzöpfen."

Zu Nr. 86 (Irren-Heil- und Pflegeanstalt Eichberg im Rheingau): „Weberei und Klöppelei sind für Kranke hiesiger Anstalt nicht als geeignete Beschäftigungen anzusehen, weil die für dieselben erforderliche Befähigung bei den Kranken nicht vorhanden sein würde."

Zu Nr. 87 (Heil- und Pflegeanstalt Weilmünster): „Unsere arbeitsfähigen Kranken reichen kaum aus, um die für die Anstalt erforderlichen Näh- und Flickarbeiten zu bewältigen."

Zu Nr. 88 (Taubstummen-Institut Camberg, Regierungsbezirk Wiesbaden): „Bei dem Handfertigkeitsunterricht für Knaben haben wir den Unterricht im Laubsägen eingehen lassen; er erscheint in hygienischer Beziehung nachteilig, in praktischer Hinsicht von ganz geringem Werte. Klöppelei wird nicht betrieben. Weben wurde zwei Jahre lang betrieben. Es gab aber zu große Zersplitterung der Kraft und der Zeit. Deshalb ließen wir es eingehen. Wir stehen auf dem Standpunkte: Non multa, sed multum. Bei dem heutigen Stande der betreffenden Industrien kann diese Weberei auch schwerlich praktischen Wert haben und Ertrag abwerfen."

Zu Nr. 89 (Blindenschule und Arbeitsanstalt mit Blindenheim für erwachsene Töchter zu Wiesbaden): „Weberei und Klöppelei dürften für Blinde zu schwer zu erlernen und keine lohnenden Beschäftigungen sein."

Zu Nr. 90 (Anstalt für Schwachsinnige 2c. zu Marienhausen): „Weberei wird nicht mehr betrieben. Vor drei Jahren aufgegeben, nachdem sie etwa drei Jahre bestanden."

Zu Nr. 91 (Idioten=Erziehungsanstalt Idstein i. T.): „Unser Industriebezirk ist umfangreich genug. Wir können, um nicht zu sehr Zeit und Kraft zu zersplittern, noch mehr Unterrichtsgegenstände nicht aufnehmen."

Zu Nr. 92 (Idiotenanstalt Scheuern bei Nassau): „An Stelle des früher betriebenen Bandwebens ist Seilstricken getreten, weil letzteres dem Bedürfnis der Anstalt mehr entspricht, weniger Handwerkszeug erfordert und auch von geistig schwächeren Pfleglingen leichter erlernt wird als ersteres. Weben und Klöppeln setzen eine Intelligenz voraus, die den Pfleglingen der hiesigen Anstalt mangelt, und eine Handfertigkeit, die wohl kaum zu erreichen sein dürfte."

Zu Nr. 93 (Provinzial=Taubstummenanstalt zu Aachen): „Weberei und Klöppelei werden nicht betrieben. Der Einführung dieses Unterrichts in der hiesigen Anstalt steht das Bedenken entgegen, daß er den Mädchen zu viel Schulzeit wegnähme, und daß ihnen die Ausübung der erlangten Fertigkeit im späteren Leben einen sicheren lohnenden Verdienst nicht gewähren dürfte." Der in der Anlage zum Abdruck kommende Lehrplan für den Unterricht in den weiblichen Handarbeiten ist für alle Taubstummenanstalten der Rheinprovinz gemeinsam (Anlage A, S. 61).

Zu Nr. 94 (Provinzial=Taubstummenanstalt zu Brühl): „Es gibt keine Lehrkräfte für den Unterricht im Weben und Klöppeln; auch hat die Bevölkerung hier diese Arbeitszweige nicht."

Zu Nr. 95 (Provinzial=Taubstummenanstalt zu Elberfeld): „Die Ausbildung der Kinder in der Weberei und Klöppelei liegt diesseitigem Erachten nach weit außerhalb der Grenzen der Aufgabe der Schule überhaupt und der deutschen Taubstummenschule erst recht. Denn diese hat die wenigen Jahre (6—8) vollauf nötig, um sie für den Verkehr im Leben zu befähigen. Anders liegt die Sache da, wo, wie in den holländischen, französischen und amerikanischen Anstalten, die Zöglinge bis über ihr zwanzigstes Lebensjahr in denselben verbleiben. Fast überall und immer ist mit diesen auch eine Handwerksstätte verbunden, in welcher die Zöglinge für den künftigen Broterwerb ausgerüstet werden. In den ersten Jahren, die der Zögling in dem Institut — es sind durchweg große Internate — verweilt, also in seinem bildungsfähigen Alter, wird er nur in Schuldisziplinen unterrichtet. Nach Verlauf von 6 bis 8 Jahren muß er sich für ein Handwerk entscheiden und in der Anstalt unter eigenen Handwerksmeistern ausrüsten. Nebenbei erhält er täglich bestimmte Unterrichtsstunden, welche das früher Gelernte befestigen und erweitern. In diesen Anstalten mag auch die Einführung in die Weberei und Klöppelei am Platze sein, — unsere Anstalten haben Nötigeres zu tun."

Zu Nr. 97 (Provinzial-Taubstummenanstalt zu Kempen): „Bedenken gegen die Einführung der Weberei liegen deshalb vor, weil in hiesiger Gegend die Weberei allgemein maschinell betrieben wird."

Zu Nr. 98 (Provinzial-Taubstummenanstalt Neuwied): „Der Handarbeitsunterricht für Knaben, an welchem von 39 zehn teilnehmen, beschränkt sich auf den Gartenbau, in welchem die Knaben vom zwölften Jahre beschäftigt werden, falls sie körperlich genügend stark sind. Der Gartenbauunterricht bezweckt, die für den Anschauungs- und Naturgeschichtsunterricht erforderlichen Anschauungsobjekte zu beschaffen. Gegen die Einführung der Weberei und Klöppelei ist geltend zu machen, daß diese Beschäftigungen in sitzender oder in einer die körperliche Entwicklung nachteilig beeinflussender Haltung ausgeübt werden."

Zu Nr. 100 (Rheinische Provinzial-Blindenanstalt zu Düren): „Vor etwa fünfzehn Jahren ist die Klöppelei versuchsweise für kurze Zeit gelehrt worden. Da das Resultat nicht befriedigte, wurde dieser Arbeitszweig nicht durchgeführt. Die Einführung der Weberei in Blindenanstalten dürfte sich weniger empfehlen. Die sog. weiblichen Handarbeiten, wozu auch Klöppelei zu rechnen ist, sind sehr schwer abzusetzen, da die Fabriken zu große Konkurrenz in diesen Artikeln machen. Die Handarbeitsspitzen 2c. sind immer mehr zur brotlosen Kunst herabgesunken, werden hier nur in untergeordneter Stellung gelehrt und statt dessen Bürstenmacherei und Stuhlflechterei mit gutem Erfolge betrieben."

Zu Nr. 101 (Provinzial-Blindenanstalt Auguste Viktoria-Haus zu Neuwied): „Bisher sind Weberei und Klöppelei nicht betrieben worden. Nach erlangter Erwerbsfähigkeit kehren die Zöglinge in ihre Heimat zurück, wo sie ihr Gewerbe möglichst bald selbständig betreiben. Daher herrscht gegen die Einführung der Weberei einesteils das Bedenken, daß die Kosten der Beschaffung von Arbeitsmaschinen für jeden Zögling zu hohe, andererseits die Hilfeleistungen durch Sehende zu bedeutend sein werden. Endlich dürfte in der Rheinprovinz mit ihrer hochentwickelten Webeindustrie der Absatz der Blinden auf große, andauernde Schwierigkeiten stoßen. Die Einführung der Klöppelei wird im Auge behalten werden." Der in der Anlage abgedruckte Auszug aus dem Lehrplan für die Anstalt kommt in allen Blindenanstalten der Rheinprovinz zur Anwendung. (Anlage B, S. 61.)

Zu Nr. 102 (Provinzial-Heil- und Pflegeanstalt zu Andernach): „Weberei und Klöppelei wurden und werden hier nicht betrieben. Die Einführung der Weberei dürfte vom sanitären Standpunkte nicht zu empfehlen sein. Gegen das Klöppeln bestehen solche Bedenken nicht. Aber sehr wenige Kranke haben diese Arbeit erlernt, und da das spätere Erlernen bei Geisteskranken wegen größerer Anforderungen an die Aufmerksamkeit erschwert ist, dürfte das Klöppeln sich zur Einführung nicht empfehlen."

Zu Nr. 103 (Rheinische Provinzial-Heil- und Pflegeanstalt zu Bonn): „Weberei und Klöppelei werden nicht betrieben, weil nicht landesüblich."

Zu Nr. 104 (Provinzial-Heil- und Pflegeanstalt zu Düren): „Gegen die Einführung des Webens und der Klöppelei walten Bedenken nicht ob."

Zu Nr. 105 (Provinzial-Heil- und Pflegeanstalt für Geisteskranke Galkhausen: "Weberei und Klöppelei wurden bisher nicht betrieben. Gegen die Einführung derartiger Beschäftigung für einzelne geeignete Kranke würde an und für sich nichts einzuwenden sein. Als geschäftsmäßigen oder auf Gewinn gerichteten Erwerbszweig würden sich diese Arbeiten jedoch nicht empfehlen. Seit Jahrzehnten ist die Beschäftigung Geisteskranker in Acker-, Vieh- und Gartenwirtschaft als die einfachste, der Gesundheit zuträglichste und am meisten anregende in der ganzen Ärztewelt anerkannt und liegt diesseitigen Erachtens vorläufig kein Anlaß vor, zu den auch früher in deutschen Anstalten vorhandenen Hausindustriezweigen (Bandwirkerei, Weberei, Spinnerei) zurückzukehren, solange dieselben nicht vor jener erhebliche Vorzüge aufzuweisen vermögen."

Zu Nr. 106 (Provinzial-Heil- und Pflegeanstalt zu Grafenberg bei Düsseldorf): "Bedenken gegen die vorgeschlagene Erweiterung des Handarbeitsbetriebes sind insofern vorhanden, als sich nur eine sehr beschränkte Anzahl der für diese Arbeiten geeigneten Arbeitskräfte finden würde, im übrigen andere Handarbeiten für den Haushalt der Anstalt notwendiger sind."

Zu Nr. 107 (Rheinische Provinzial-Heil- und Pflegeanstalt Merzig): "Ein früherer Versuch, die Herstellung von Mosaiken einzuführen, ist ebenso fehlgeschlagen wie der Versuch mit der Weberei. Zur Weberei hatten die Kranken keine Lust. Über die Klöppelei fehlen Erfahrungen."

Zu Nr. 109 (Taubstummenanstalt zu Köln): "Die Erteilung eines planmäßig betriebenen Handfertigkeitsunterrichts nach den Grundsätzen des Deutschen Vereins für Knabenhandarbeit ist an der Anstalt grundsätzlich ausgeschlossen. Dagegen wird seit dem Bestehen der Anstalt dem Handarbeitsunterricht für Mädchen und dem Zeichenunterricht erhöhte Aufmerksamkeit zugewandt. Ersterer erstreckt sich für alle Altersstufen auf Stricken, Häkeln, Sticken und Nähen (sog. Weißnähen). Letzterer begreift in sich außer dem elementaren Zeichenunterricht, welcher von den Anstaltslehrern bis zum fünften Schuljahr erteilt wird, noch Linear-, Architektur- und Körperzeichnen unter fachmännischer Leitung (Architekt) in wöchentlich drei Stunden für Knaben."

Zu Nr. 110 (Provinzial-Taubstummenanstalt zu Schleswig): "Die Zöglinge der Anstalt in Handarbeiten auszubilden, soweit es neben der geistig-sprachlichen Ausbildung irgendwie zulässig erschien, ist stets das Bemühen gewesen. Auch die Handfertigkeit der Schüler schon während ihres Anstaltslebens zu verwerten ist nie außer acht gelassen; denn sämtlicher Bedarf an Strümpfen, Hemden, Bekleidungs- und Wäschegegenständen ist unter der Leitung einer Handarbeitslehrerin durch die weiblichen Zöglinge hergestellt worden. Am wenigsten oder fast gar nicht haben die Erzeugnisse des Knabenhandfleißes verwertet werden können, weil man in Fachkreisen gegen gewerbliche Verwertung der angefertigten Sachen ist und nach allgemeiner Ansicht der Unterricht nur Ausbildung der Hand bezwecken soll. Taubstumme unterscheiden sich dadurch von allen anderen abnormen Schülern, daß sie in der Erlangung der einfachsten Schulkenntnisse so langsam fortschreiten und alle Kräfte schon wegen der Kostspieligkeit des Schulunterrichts nach dieser Seite hin herausgefordert werden müssen. Sie stehen selbst bis in die Oberklassen den für schulfähig gehaltenen Insassen der Idiotenanstalten nach, welche ja im Besitze der Sprache sind. Die manuelle Beanlagung der meisten ist aber derartig, daß die weitere gewerbliche Ausbildung sehr wohl auf die Zeit nach der Entlassung aus der Anstalt verschoben werden darf. Was das Weben betrifft, so könnte nur dann, wenn neben der Taubstummenanstalt nach ihrer jetzigen Bestimmung eine neue industrielle Einrichtung geschaffen würde, welche die zu entlassenden und zum Weben gewillten und geeigneten Schüler aufnähme, sie im Weben ausbildete, ihre Tätigkeit ausnützte und sie bis zu einer eventuellen Selbständigkeit oder bis zum Tode als interne Insassen behielte, unter Leitung einer Webemeisterin die Erzeugnisse frei oder an die Provinzial- oder verwandte Anstalten absetzte, vielleicht an diesen Zweig der Tätigkeit gedacht werden. Daß das Weben als ein Beschäftigungsmittel in Idioten- und Pflegeanstalten, vielleicht auch für manche Insassen von Irrenanstalten dienen, daß es hier auch unter Umständen industriell betrieben werden könnte, dürfte keinem Zweifel unterliegen, weil hier die Vorbedingungen — ein längeres Verweilen der Insassen über die Schulzeit hinaus oder auch eine größere Zahl von Insassen ohne Schultätigkeit — vorhanden sind."

Es mag mit diesen ins einzelne gehenden Mitteilungen über in Preußen befindliche Anstalten genug sein. Aus dem eingegangenen Material über nichtpreußische Anstalten sollen, unter Weglassung der ziffernmäßigen Angaben, nur noch die folgenden Äußerungen hierhergestellt werden:

Der Direktor der Taubstummenanstalt zu Hamburg schreibt:

"Weberei und Klöppelei werden nicht betrieben; ihre Einführung erscheint gänzlich unstatthaft wegen gesundheitlicher Bedenken, da den Kindern dann gar keine freie Zeit bliebe, um die frische Luft zu genießen, ganz abgesehen von anderen Gründen."

In einem Bericht der Direktion der Königlichen Blindenanstalt zu Dresden heißt es:

"Weberei und Klöppelei sind bisher nicht betrieben worden und werden es zur Zeit auch nicht. Man beabsichtigt aber, Versuche in der Weberei mit dem von Frau Professor Wernicke zu Stralsund für Blinde erfundenen Webapparate in nächster Zeit anzustellen, obwohl man sich nicht verhehlt, daß grade in Sachsen die Konkurrenz in der Weberei eine erdrückende ist, der Verdienst an den einzelnen Artikeln also infolgedessen ein sehr geringer sein würde und Blinde wegen des mangelnden Sehvermögens (dafern sie nicht die Hilfe der Sehenden in Anspruch nehmen sollen) nur einfarbige Stoffe und dergleichen kleinere Gegenstände herstellen können. Gegenwärtig ist man mit der Einführung der Smyrna-Teppichknüpferei als neuen Erwerbszweiges für die Mädchen beschäftigt. In Königswartha hat man für die schwachbefähigten Blinden soeben die Rohrweberei eingeführt."

In einem ferneren dem Referenten zur Verfügung gefügten Berichte des Herrn Oberinspektors der Blindenanstalt zu Dresden bezeichnet dieser den Webunterricht zur Einführung in einer Blindenanstalt auch aus folgenden Gründen als nicht geeignet:

"Die Weberei, selbst in ihrer einfachsten Art, ist nach Ausspruch eines Sachkenners eine so viel gegliederte und im Grunde komplizierte Tätigkeit, daß sie von den des Augenlichts Beraubten kaum würde ausgeübt werden können. Ein Handwerk aber, das die Blinden nur mit Hilfe der Sehenden treiben können, eignet sich für sie als Unterrichtsgegenstand nicht. Nur in einer geschlossenen Anstalt oder in einem

Versorghause unter steter Aufsicht eines sehenden Meisters könnten sie es hierin vielleicht zu etwas bringen. Die Blinden werden aber in den deutschen Landen nach Abschluß ihrer Ausbildung aus den jeweiligen Anstalten wieder entlassen, und draußen im Leben steht ihnen niemand Erfahrenes zur Seite."

Einem Berichte des Herrn Oberinspektors der Anstalt für Schwach= sinnige zu Großhennersdorf im Königreich Sachsen ist nachstehendes zu entnehmen:

„Mit vollem Rechte ist auf die erzieherische Bedeutung der Arbeit für Schwach= sinnige hingewiesen, aber doch der Wert des erziehenden heilpädagogischen Unterrichts, für welchen in Bezug auf den dem Kinde zu bietenden Stoff die Anwendung des Sprichworts gilt: ‚Mit vielem hält man Haus, mit wenigem kommt man aus' etwas unterschätzt worden. In hiesiger Anstalt werden beide, Unterricht und Arbeit, für den bildungs= und schulfähigen Schwachsinnigen als gleichwertig angesehen und der nicht schul= aber arbeitsfähige Schwachsinnige wird so viel als möglich an die Verrichtung nützlicher Arbeiten gewöhnt. Die rechte Stellung des Arbeitsunterrichts in der Organisation hiesiger Anstaltserziehung dürfte durch den Arbeitserfolg ge= kennzeichnet sein wie er in den Verwaltungsberichten auf die Jahre 1892 bis 1897 und 1898 bis 1900 z. B. in der Korbmacherei, in welcher Beschäftigung von ihrer Einführung an bis jetzt wegen des kleinen Werkstättenraumes immer nur die gleiche Anzahl Zöglinge unterwiesen werden konnte, zahlenmäßig nachgewiesen ist. Der Vorwurf, daß in den deutschen Idiotenanstalten eine systematische Ausbildung manueller Fertigkeiten fast gar nicht stattfinde, kann die hiesige Anstalt nicht treffen; offenbar beruht derselbe auf Wahrnehmungen, die in einzelnen preußischen Anstalten gemacht sind, wo, wie hier auch bekannt, Schwachsinnige im Alter von zwanzig Jahren und darüber noch als Abc=Schützen auf der Schulbank gehalten werden und wo für eine planmäßige Heranbildung der im Schulalter stehenden Schwach= sinnigen zur Arbeit wenig geschieht. Einfache Arbeiten am Webstuhle sind vielleicht, wie auch das in hiesiger Anstalt mit den technisch fast ganz unbefähigten Zöglingen betriebene Rohrweben, ein geeignetes Beschäftigungsmittel für in Asylen untergebrachte und zu keiner selbständigen Arbeit geschickte Schwachsinnige. Der Betrieb der Weberei mit technisch befähigteren Zöglingen, die aus der Anstalt zu entlassen sind und draußen ihr Fortkommen sich selbst suchen müssen, empfiehlt sich schon allein in Rücksicht auf den geringen Verdienst der Hausweber in unserem Vater= lande (Sachsen) und auf den Wohnort, wohin unsere Zöglinge zurückkehren, nicht."

Eine Auslassung des Herrn Oberinspektors der Idiotenanstalt zu Nossen, Königreich Sachsen, besagt u. a. folgendes:

„Auf dem Gebiete der Heilpädagogik ist man schon seit längerer Zeit zu der Erkenntnis gekommen, daß der Handarbeitsunterricht bei der Erziehung Schwach= sinniger eine Disziplin von hervorragender Bedeutung ist. Die Notwendigkeit einer intensiven Pflege dieses Unterrichtsgegenstandes zu beleuchten, ist nichts geeigneter als der Hinweis auf die Tatsache, daß die Schwachsinnigen sich nur durch ihrer Hände Arbeit eine Stellung im Leben begründen können, soweit sie überhaupt dazu fähig sind. Hier im Lehrplan ist dem Handarbeitsunterricht der breiteste Raum zu= gewiesen; hier werden intellektuelle Unterweisung und manuelle Ausbildung als gleichwertige Faktoren bei der Erziehung der Zöglinge betrachtet; hier wird für die berufliche Erziehung der Mädchen durch Ausbildung in hauswirtschaftlichen und einfacheren Handarbeiten, im Rohrstuhl= und Mattenflechten und auch in Näharbeiten in erforderlicher Weise Sorge getragen. Daß schwachsinnige Mädchen, die technisch gut begabt und nur mit geringeren Intelligenzmängeln behaftet sind, in einer Anstalt oder in einem Asyle bei zweckmäßiger Anleitung und unter entsprechender Beauf= sichtigung im Weben zu zufriedenstellenden Leistungen gelangen könnten, möchte nicht bezweifelt werden; doch würde selbst bei einem derartigen Arbeitsbetrieb, be= sonders im Königreich Sachsen, bei der heutzutage außerordentlich geringen Pro= sperität der Handweberei nur ein geringer Arbeitsverdienst zu erzielen sein. Zur selbständigen Ausübung der Weberei hingegen würden voraussichtlich nur wenige schwachsinnige Mädchen befähigt werden können, und sodann dürfte auch die Annahme als eine berechtigte zu erachten sein, daß ein Teil dieser Mädchen nach der Entlassung aus der Anstalt bei der ersten sich darbietenden Gelegenheit die Weberei wegen des geringen Arbeitsverdienstes mit einer lohnenderen Beschäftigung vertauschen würde. Bezüglich der Spitzenklöppelei liegen die Verhältnisse ähnlich. Für die hiesige Anstalt, die ihre Zöglinge nach erfolgter Ausbildung zu entlassen hat, dürfte sich daher der eine oder andere der beiden letztgenannten Arbeitsbetriebe kaum empfehlen."

Der Vorsteher des Königlichen Taubstummeninstituts zu Würzburg in Bayern glaubt die Weberei und Klöppelei als Unterrichtsfächer für Taubstummenanstalten nicht empfehlen zu können, weil Handfertigkeitsunterricht nur allgemein fürs Leben, möglichst brauchbar für alle Berufe und Lagen vorbilden soll, jene Dinge aber nur einer speziellen Berufsausbildung gleichkommen. „Charakteristisch für unseren Handarbeitsunterricht der Knaben dürfte sein, daß er in engster Weise mit dem Zeichnen verbunden ist. Jeder Berufsfortschritt gründet auf Zeichnen, jeder im Handarbeitsunterricht gefertigte Gegenstand soll wo möglich eine Begründung der betreffenden Stufe des Zeichenunterrichts bilden. ‚Arbeite mit dem Bleistift in der Hand' oder ‚Mache dir von dem zu fertigenden Gegenstand einen Aufriß, einen Plan', klar in der Auffassung, im Kopf, verständlich dargestellt auf dem Papier, endlich dann in Wirklichkeit ausgeführt —, so streben wir es an und treiben es thunlichst. Anfangs hat unsere Arbeit ihre Schwierigkeit; mit der Zeit geht sie, besonders gut beim Schnitzen, Drechseln und in der Hobelbankarbeit."

Im Königlichen Zentral-Taubstummeninstitute zu München ist der Handfertigkeitsunterricht — aus uns nicht näher ersichtlich gemachten Gründen — wieder aufgehoben und seit vier Jahren durch einen Modellierunterricht ersetzt worden.

Der Herr Direktor der Großherzoglichen Taubstummenanstalt Meersburg, Baden, wendet gegen die Einführung der Weberei und Klöppelei ein, daß die Zeit des Unterrichts — sechs Jahre — zu kurz bemessen sei. Anders liege die Sache in Pflegeanstalten mit lebenslänglichem Aufenthalt der Pfleglinge.

Mit diesen Bemerkungen bringen wir unsere Rundschau auf deutsche Anstalten für nichtvollsinnige Personen zum Abschluß. Ganz unberücksichtigt gelassen sind die Anstalten für körperlich verkrüppelte Personen. Wir haben von Ermittlungen hier abgesehen, weil sich nicht erkennen ließ, daß sie über den Rahmen desjenigen hinaus, was in den übrigen Anstalten festgestellt worden, Neues und Eigenartiges zeigen würden.

Bei der Wiedergabe des uns zugeflossenen Materials sind wir durchaus objektiv verfahren. Es galt für uns, die Verhältnisse, wie sie vorliegen, darzustellen, insbesondere aber auch von den Anschauungen unter den Leitern der bestehenden Anstalten wahrheitsgetreu Rechenschaft abzulegen.

Unleugbar ist nun, daß zunächst noch die große Mehrzahl der Berichterstatter sich gegen eine Erweiterung des Handarbeitsunterrichts und des Handarbeitsbetriebes in dem von uns empfohlenen Sinne ausspricht, aber auch daß die Erfahrungen in den deutschen Anstalten nur wenigen Anhalt bieten, um die Frage ausgiebig zu beurteilen.

Nur ganz vereinzelt hat man die Weberei und Klöppelei praktisch erprobt. In wenigen Fällen ist früher die Handweberei eingeführt; nachher hat aber die Schneiderei sich als die wertvollere Berufsarbeit erwiesen und jene zurücktreten lassen. Versuche sind von einer Anstalt neuerdings mit einem neuen Webeapparat für Blinde unternommen; anderwärts werden solche geplant. Die Klöppelei ist auch nur hier und da versucht worden; auch in dieser Hinsicht sind neben befriedigenden Ergebnissen minder günstige Erfahrungen zu verzeichnen gewesen.

Mannigfach sind die zur Sprache gebrachten Einwände. Vielfach, und zwar namentlich bezüglich der Insassen von Irren- und Idiotenanstalten u. dergl., wird hervorgehoben, daß ein Bedürfnis für die Eingliederung neuer Beschäftigungszweige nicht obwalte, da für andere, bereits eingeführte und oft unerläßliche Arbeiten die Kräfte kaum ausreichten um den Bedarf zu decken, und da die Insassen auch mit sonstigen Verrichtungen hinreichend beschäftigt würden.

Im übrigen werden die Bedenken abgeleitet:

a. Aus gesundheitlichen Rücksichten und ähnlichen die körperliche oder geistige Befähigung der Insassen betreffenden Umständen. So heißt es nicht selten kurz und ohne jede Begründung, daß die beiden Disziplinen für Blinde, Epileptische, Taubstumme u. s. w. nicht geeignet seien; gegen die Klöppelei spreche das geringe Leistungsvermögen, die Schüler seien nicht kräftig genug, die Weberei sei schädlich für die Gesundheit, das dauernde Sitzen sei nachteilig, es greife die Brust an u. s. w.

b. Aus erzieherischen Gründen. Hier lassen sich namentlich die Leiter der Taubstummen- und Blindenanstalten vernehmen. An erster Stelle sei die Anstalt Schule, die nur Zeit gewähre für das Notwendigste und Praktischste aus dem Gebiete der Handarbeiten. Klöppelei und Weberei gehörten jedoch nicht zu den pädagogischen Handarbeiten. Die Klöppelei könnte erst eingeführt werden, wenn die gröberen Handarbeiten bessere Resultate bei den Schülern aufwiesen, aber das Ziel werde nicht einmal allezeit erreicht.

c. Aus verwaltungstechnischen Erwägungen. Es fehle an Zeit, es sei in Haus, Hof, Feld, Gärten und Werkstätte Nützlicheres zu tun, es fehle an geeigneten Räumen.

d. Aus pekuniären Gesichtspunkten. Beschaffung von Webstuhl und Klöppelsteinen belaste den Haushaltungsplan der Schule, die Betriebsmittel erheischten übergroße Auslagen, die Erlernung bedinge einen zu großen Lehrapparat, die Arbeiten versprächen keinen hinlänglichen Gewinn.

e. Aus Befürchtungen hinsichtlich der Absatzfähigkeit der Weberei- und Klöppeleierzeugnisse, Befürchtungen, die sowohl für die diese Arbeiten etwa einführenden Anstalten wie für das spätere Fortkommen der Pfleglinge sich aufdrängten. Man weist darauf hin, daß die Erzeugnisse nicht konkurrenzfähig seien, daß der Absatz fehle, da die billige Fabrikware den Markt beherrsche und die Handweberei und Klöppelei dem Wettbewerb der Maschine erliege. Was insbesondere das Fortkommen der Zöglinge beträfe, so sei — außer den eben erwähnten Konkurrenzbedenken — für Blinde z. B. immer die Mithilfe durch Sehende nötig; auch fehle es im elterlichen

Hause an den nötigen Einrichtungen (Stühlen u. f. w), und die Beschaffung der teuren Apparate erschwere die Existenz.

Gewiß sind im vorstehenden mancherlei beachtenswerte Einwürfe enthalten. Dennoch dürften sie die Ansicht **nicht entkräften**, daß einerseits bei der Erziehung und Ausbildung der jugendlichen Zöglinge in unseren Anstalten für nichtvollsinnige Personen die Frage einer Erweiterung des manuellen Unterrichts in eingehende Erwägung zu ziehen sein wird, und daß anderseits die Beschäftigung der dauernd in Pflegeanstalten untergebrachten Personen wohl einer Umgestaltung bedürftig erscheint und daß für beides die Vorbilder der nordischen Anstalten allerdings gewisse Richtpunkte abzugeben vermögen. Dies im einzelnen darzutun mag dem mündlich zu erstattenden Referat vorbehalten bleiben. Hier sei nur die Tatsache betont, daß innerhalb jeder Kategorie von Anstalten der Handarbeitsunterricht große Verschiedenheiten aufweist und daß von denjenigen Anstalten, die einen entwickelteren manuellen Unterricht durchgeführt haben, fast ausnahmlos nur günstige Urteile über den Einfluß dieses Unterrichts vorgetragen werden. Sicherlich müssen die in dieser Hinsicht zurückstehenden Anstalten einen deutlichen Anlaß erkennen, den von anderer Seite erlangten Vorsprung tunlichst einzuholen. Es sei weiter die Tatsache betont, daß vor allem die preußischen Erziehungsanstalten für geistig zurückgebliebene Individuen, für Schwachsinnige, nach dem Zeugnisse verschiedener kompetenter Beurteiler in der Entwickelung praktischer Begabung der in ihnen untergebrachten Zöglinge keineswegs auf der Höhe stehen. Als sehr beachtenswert darf die oben wiedergegebene Äußerung eines Sachverständigen aus dem Königreich Sachsen gelten. Es würde nun freilich kurzsichtig sein, die Weberei und die Klöppelei als Unterrichts- oder Beschäftigungszweige hinzustellen, die gegenüber anderen Handfertigkeitsarten den Vorzug verdienten. Ein solcher Standpunkt liegt uns durchaus fern. Das entscheidende bleibt, daß bei jenen bedauernswerten Wesen diejenige Fähigkeit gepflegt wird, die geweckt und gefördert werden kann; **und das ist die Fähigkeit zu manueller Tätigkeit**. Hierbei kommt es allezeit darauf an, solche Beschäftigungsweisen ausfindig zu machen, die einerseits der Individualität des Zöglings, anderseits den Verhältnissen der Gegenwart, des Ortes oder des Landes entsprechen. Daß innerhalb dieses Rahmens die Weberei und Klöppelei auch für deutsche Anstalten keineswegs ganz die absprechende Beurteilung verdienen, welche in der Mehrzahl der einstweilen vernommenen Stimmen zum Ausdruck gelangt ist, das wird durch eine nähere Aussprache über einzelne der gemachten Einwendungen, nicht zum wenigsten aber durch die Vorführung der Arbeiten selbst, die aus den Händen nichtvollsinniger Personen in nordischen Anstalten hervorgegangen sind, gelegentlich der bevorstehenden Tagung des Deutschen Vereins für Armenpflege und Wohltätigkeit hoffentlich zu erweisen sein.

Anlage A. (Zu S. 53.)

## Lehrplan
für den Unterricht in den weiblichen Handarbeiten
an der
**Provinzial-Taubstummenanstalt zu Aachen.**

### I. Schuljahr.
Wöchentlich 2 Stunden; auf die anderen Fächer entfallen 24 Stunden.
Vorübungen zum Häkeln und Stricken mit dicken Nadeln und grober Wolle; Übungsstreifen, Pulswärmer.

### II. Schuljahr.
Wöchentlich 2 Stunden; auf die anderen Fächer entfallen 28 Stunden.
Anfertigung verschiedener Strickarbeiten. Der Strumpf.

### III. Schuljahr.
Wöchentlich 2 Stunden; auf die anderen Fächer entfallen 30 Stunden.
Fortsetzung des Strumpfstrickens und Häkelns.
(Für befähigte Kinder auch Straminsticken.)

### IV. Schuljahr.
Wöchentlich 3 Stunden; auf die anderen Fächer entfallen 29 Stunden.
Fortsetzung des Strickens; Häkeln, Strumpfstopfen. Das Zeichentuch. (Das große gedruckte und geschriebene Alphabet in Kreuzstich.) Beginn des Nähens.

### V. Schuljahr.
Wöchentlich 3 Stunden; auf die anderen Fächer entfallen 31 Stunden.
Fortsetzung des Häkelns; selbständiges Anstricken von neuen Füßlingen an gebrauchte Beinlinge. Beginn des Flicktuches.

### VI. Schuljahr.
Wöchentlich 3 Stunden; auf die anderen Fächer entfallen 31 Stunden.
Fortsetzung des Nähens; Säumen, das Kinderhemd, das Strickstopfen.

### VII. und VIII. Schuljahr.
Wöchentlich 3 Stunden; auf die anderen Fächer entfallen 31 Stunden.
Flicken, Gebildstopfen, Weißsticken, Zuschneiden und Anfertigen von Mädchen- und Knabenhemdchen und anderer Wäschestücke; Ausbessern und Ändern von Kleidungsstücken. Das Maschinennähen.

---

Anlage B. (Zu S. 54.)

## Auszug
aus dem Lehrplan der rheinischen Blindenanstalten.

### XIII. Ausbildung von Handwerkern.

#### a) Die gemischten Flechtarbeiten.

Alle männlichen Zöglinge erlernen bereits während des Schulunterrichtskursus das Matten-, Schuh- und Stuhlflechten, alle weiblichen Zöglinge das Stuhlflechten. Die gemischten Flechtarbeiten werden in der Fortbildungsklasse fortgesetzt und bilden für die Zöglinge, welche sich der Musik widmen, die einzige technische Beschäftigung. Auch die zu Korb- und Bürstenmachern auszubildenden Zöglinge treiben nebenher noch diese Flechtarbeit, damit sie, wenn im Leben ihr Haupthandwerk stockt, durch sie lohnende Beschäftigung haben.

### b) Korbmacherei und Bürstenmacherei.

Das Ziel ist die Fähigkeit zu selbständiger Ausführung von Korbreparaturen, Anfertigung grober und feinerer Korbwaren und der im Leben vorkommenden Artikel des Bürstenmachergewerbes, Kenntnis und Behandlung der verschiedenen Rohmaterialien, Berechnungen des Aufwandes an Rohmaterial, Berechnung der fertigen Waren. Die Art und Ausdehnung des gewerblichen Unterrichts werden der technischen Geschicklichkeit des Zöglings und den heimatlichen Verhältnissen desselben angepaßt.

### c) Weibliche Handarbeit.

Die Mädchen sollen in vollem Umfange ihrer Fähigkeiten erwerbstüchtig gemacht werden. Diesem Zwecke dient der Unterricht in den weiblichen Strickarbeiten und im Bürstenmachen. Das Ziel des Strickunterrichts ist die Anfertigung von Strümpfen mit der Maßgabe, daß Geschicktere auch Anleitung zum Stricken von Tüchern, Decken, Unterkleidern u. s. w. erhalten. Außerdem werden die weiblichen Zöglinge in den Reinigungs- und Ordnungsarbeiten des Hauses geübt.

---

Pierer'sche Hofbuchdruckerei Stephan Geibel & Co. in Altenburg.

Printed by Libri Plureos GmbH
in Hamburg, Germany